有錢人在乎的和你不一樣

實現財富自由不再窮困拮据，
你一定要先學會的10個致富思維

暢銷新訂版

基斯・卡麥隆・史密斯 Keith Cameron Smith—著 黃煜文—譯

名家推薦

性格決定成敗，財富成就上尤其如此。綜觀全球財富分配，北美人口占全球僅六％，但卻占有全球三四％的家庭財富；而北美地區最有錢的十分之一人口，占有全美七〇％的財富。為何有錢人總是極少數？觀念決定成就，性格決定成敗，學習致富性格早日脫貧。

——理財專家「NEWS98 財經一路發」主持人阮慕驊

看完這本書，終於知道為什麼有錢人的想法和我們不一樣。難怪有些人終生追著錢跑，辛苦工作養家；有些人卻能花費少量的時間，獲取更大利益，提早享受生活。這本書教你掌握金錢的規律來增加財富。上帝給每個人的時間都是公平的，如果想喚醒你理財方面的天賦，就讀這本書吧！

——「美商 MonaVie」台灣及香港區總經理萬肯尼

任何人都有機會成為有錢人，只要了解本書中有錢人和薪水族的這十個不同點，並且從中學習與用心努力就能辦到。

——《心靈雞湯》暢銷書作者馬克．韓森（Mark Victor Hansen）

這是一本充滿睿智與知識的書，將帶給讀者自由與富足。

——《成功的階梯》暢銷書作者尼多．庫賓（Nido Qubein）

推薦序──學習成功者的智慧，累積金錢與心靈的財富

B2B業務行銷專家、BDO副總經理
吳育宏

在這個行銷訊息爆炸的時代，我們經常能收到各種「幫你成功」的廣告宣傳，像是：被動收入、斜槓人生、零風險創業、快速致富等。可惜的是，在聳動的標題背後，如果進一步了解這些課程、書籍、系統的內涵，常常充斥各種取巧、空洞的商業模式。朋友間常開玩笑地說，它們其實沒有幫助多少學員成功，倒是讓不少大師「致富」了。

因此，當我第一次看見《有錢人在乎的和你不一樣》的書名，下意識把它和過去負面的刻板印象連在一起，心想：「不過又是另一本『幫你成功』的心靈雞湯而已吧？」令我好奇的是，這樣的主題看似老掉牙、許多人談論過了，此書卻創造熱銷的好成績。在我閱讀完後，果然發現它的獨到之處。

作者分析富人和一般人在價值觀、思考邏輯上的差異，像是富人關注的是長期收入、而非短期獲利；富人勇於跨出舒適圈，嘗試改變以獲得更好的成就等。這些正面的思考方式和習慣，其實不管你是否追求財務上的成功，都值得學習與實踐。也許你在乎的不是變有錢，而是提升自己的能力、取得工作和生活的平衡，都能從這本書裡找到中肯又務實的建議。

例如書中說：「有錢人談觀念，薪水族聊是非。」讓我非常感同身受。辦公室、茶水間裡，永遠不缺聊是非的人。大自公司政策、工作內容、主管風格，小至員工福利、同事間的應對進退等，有人的地方就有是非耳語。

然而，即使我們把周遭的人、事、物都批評完一圈，這個世界從不會就此改變，更重要的是，我們自己也不會因此受惠。作者強調有錢人談的是「好的處事觀念」，並透過身體力行使自己成功；但一般人容易把焦點放在環境、放在他人，而成功者永遠回歸到自己身上。

另外，作者也指出「有錢人掌握時機，薪水族希望安穩。」我認為這在今日快速變遷的環境下，更是一針見血。Google、Amazon、Facebook 這些科技巨頭，就是看準資訊搜尋、電子商務、社群媒體發展上的契機，在對的時機點跨入別人還未耕耘的領域，短短幾年內從先驅者（pioneers）變成遙遙領先的市場領導者（leaders）。

不只是大企業的發展如此，個人在職場上的發展亦然。當許多公司面臨多角化經營的課題，新的職位、新的機會隨時可見。像是幫公司前進未開發市場開疆闢土，或是投入新產品、新服務的推廣，如果一個人願意挑戰自己、追求突破，舒適圈外盡是黃金寶藏。

有時候我會鼓勵職場後輩，設定自己五年、十年後要達到什麼樣的成就，其中「薪資收入」便是一項參考指標。談「錢」好像很俗氣，但不可諱言的，它能客觀衡量一位職場工作者對公司的貢獻、價值高低。

當你覺得自己是千里馬，卻沒有遇到願意給你舞台、給你滿意薪水的伯樂，事實的真相可能是「你還不是千里馬」。如果你願意靜下心來，好好去跟公司主管溝通自己缺的是什麼，一定能找到很多提升自己的空間。可惜的是，很多人選擇不溝通、不理解、不改變，時間到了負氣轉職，職涯路上終究走不出自己的盲點。

透過本書，我們能一窺成功者的思維，向他們學習。或許多數讀者複製不了有錢人的財富，但是在能力提升、正向思考、理想人生的追求上，將會獲益無窮。

推薦序——

從知識的累積、思維的複利啟動財富自由

邁林國際總經理
小M老師

我出生自清寒的農村家庭，在我還無法自力更生時，我們家就是典型的窮人家。從我有記憶以來，我們始終過著捉襟見肘的生活，我甚至以為窮困在社會上是尋常的現象；直到看懂電視節目後，才發現原來世界很大，大城市中有高樓大廈、車水馬龍，人們穿著時髦搶眼，跟我生活的環境判若兩個世界。

我的父母只有小學的教育程度，因此學識與眼界相當有限，有些觀念現在看來其實是典型的窮人思維。例如：不要創業，因為風險很高，找一份穩定的工作做到退休；盡可能存錢買房，才有一個安定的人生；不要玩股票，那是賭博，會散盡家產，妻離子散。諸如此類的叮嚀不絕於耳，但叛逆的我總會思考，如果我父母是對的，為什麼他們一直這麼窮呢？

我不甘於困窘的現況，想要改變命運，找出一條致富的路，唯一能找到的方法就是不斷學習，而且是向成功者、富裕人士學習，跟有錢人才能學到如何變有錢的方法；但我處在一個貧窮的世界，根本無法與有錢人接軌，更不用奢望能結交到有錢的人脈。唯一能有心智交流成長的方式，就是閱讀他們的傳記，還有許多教人致富、創業、理財的經典著作。

在就學期間，我始終沒有停止過大量閱讀，幾乎把學校圖書館所有商業方面的書籍都讀了一遍，更愛探討經濟與商業的各種報章雜誌。我已經篤定，創業是我唯一能夠改變貧窮命運的路，不冒險就沒有突破現況的可能性。直到出社會創業成功後得到財富自由，在這段漫長的時間裡，各種艱難挑戰始終不斷，越往頂峰爬，險阻越多。我在人生各個階段的發展對照各種成功人士的經驗，還有他們的想法與策略，發現很多不謀而合的地方。雖然他們不是在我身邊給予指導，但精神卻如影隨形地跟著我，這也讓我最終能撐過創業上會遇到的阻礙與危機，成功賺到第一桶金。透過正確的理財規畫，不斷讓自己的資產翻倍，提早進入財富自由的生活。

從貧困到富裕，這段路我走得辛苦，但完全不後悔做過的任何錯誤的決定，因為那都會在未來成為養分，讓我變得更強大茁壯。我在致富過程中的心得與經驗，未來也想和本書作者一樣，寫成著作幫助更多人脫離貧窮。

有錢人與一般人有什麼不一樣呢？賺錢方式不一樣、花錢方式不一樣、能量不一樣、觀念不一樣，但最大的差別在於思維不一樣。有錢人會將成功致富的思維傳承下去，讓後世代代都能守住財富，進而讓財富越滾越大。

閱讀《有錢人在乎的和你不一樣》，就能了解思維上的不同何以能造成巨大的財富差異。因為思維決定行為，行為決定習慣，習慣決定性格，性格決定命運。有錢人深信命運操之在己，自己能解開命運的束縛，邁向非凡自由的人生；而窮人認定命運是出生時就註定，認命接受安排，不懂得學習如何改變命運。或許我自己就是成功的案例，不向命運低頭，知道父母教育我的金錢觀老派而過時，不斷學習正確觀念改變思維，最後翻轉人生。

有錢人懂得讓金錢透過複利與時間像雪球般越滾越大。資金就是雪、報酬率就是濕度、而時間就是坡道。這本書教大家十個有錢人的致富思維，而好的思維也會產生複利作用，每天比昨天進步百分之一，即使只有些微的進步，但累積了一年後就會成長三十七倍，複利的威力讓優秀的思維成為核彈般的能量改造我們，隔年便有爆炸性的成長。先從改變思維開始，自然會不斷養成各種有利於自己的好習慣，讓好習慣每年的複利帶給你巨大的成長，從而改變人生。

CONTENTS

思維 2

思維 1

前言——恆久不變的致富智慧

寫這本書有三個理由，第一個理由是基於責任感。我衷心地相信，每個人都有責任把讓自己生活變得更好的原因分享給大家。

幾年前，我開始尋訪那些在事業上卓然有成的成功人士，他們全是日理萬機的大人物，卻答應在百忙之中抽出時間，慷慨地與我分享是什麼樣的態度、信念與想法，讓他們得以成就非凡的人生。在我體悟了他們的人生哲理且切實奉行，使之成為我人生的一部分之後，就此開啟了我成功人生的扉頁。

除了承蒙一些具相當影響力的人士指導以外，我也藉由閱讀許多書籍，來協助自己建立正確的心態。尋求成功人士的金玉良言，和透過閱讀以吸取智慧，乃是有錢人邁向成功的不二法門。

正如你我的了解，市面上探討成功的好書不下數千種，既然如此，我又為什麼會覺得有需要再寫這一本書呢？在我讀過的每一本書中，對於如何獲得成功與實現自我，各自有一套見解，而這些見解之間，多少存在著些微的不同。正所謂「差之毫釐，失之千里」，每個人對於這些細微的差別，都有各自不同的領略，這個差異正是讓人們形成人生結局大不同的關鍵所在。

有時某些道理與方法，就是特別能夠打動某一部分的人，進而讓他們在心智上得到重大啟發，這就是寫作本書的用意。我試圖從不同的角度來探討成功，其中有許多想法，得益於古往今來各方成功人物的成敗教訓。此外，還有一些關鍵要點，則是記取於我個人得失的經驗，而我也相信這些親身經歷，必然能引起讀者的共鳴。

老實說在寫這本書時，靈感就像泉水般源源不絕地湧出。每當有人問起花了多少時間寫成這本書，我的回答總是讓人驚訝不已：「我只花了七天就完成了這本書。」我獨自一人待在大煙山國家公園的小木屋裡，隨身並未攜帶任何的筆記作為參考，就這樣振筆疾書，一股腦兒地把自己的想法全都寫了下來。這部作品可說是我個人的寫照，真實反映出至今一路走來的人生歷程。無可諱言，在此之前，我已經花了多年時間研究成功的祕訣，而在成為一個成功企業家的過程中，事業的起起伏伏讓我擁有了為數不少的寶貴經驗。因此，本書所談的有錢人與薪水族的各種區別，絕對不是紙上談兵、光說不練，它們全是我無時無刻都在實踐的硬道理，更是我人生路上的一部分。

寫這本書的第二個理由是使命感。我相信每個人都有自己命中注定的生命樂章，而這本書就是我的人生之歌。每當我傳授這些原則給旁人時，抑或有誰與我接觸、與我分享他們是如何地為生活創造正面結果的那一刻，一股責無旁貸的使命感，就會立即在我心頭油然而生。

第三個理由是傳續。書裡提及的原則，是我要求子女務必要恪守的。某一天當我離開人世之後，我的孩子可以拿起這本書，回想著父親傳承給他們的經驗與教訓。

我所讀過的眾多書籍當中，有的是幾十年前的作品，甚至也有數百年前的著作。而我寫的這本書，在經過幾個世紀之後，又會流落何方？我想答案沒有人知道。不過，有一點是可以確定並且是我深信不疑的，那就是這本書所論述的這些道理，將恆久不變。無論時代如何變遷，它們都是顛撲不破的真理，縱使在歷經百年之後，依舊一樣有用。因此，基於責任、使命與傳續，我寫下了自己對有錢人與薪水族之間人生觀差異的體悟。我殷切地盼望你能從這些原則中，邁出一條屬於自己的成功之路。

有錢人和薪水族想的不一樣

十大思維差異的順序與重要性

本書所列舉的十大思維，其排列順序反映出不同的重要性，排在越後面的，重要性就越高，這樣的安排主要有兩個原因。其一是依據我自己作為企業家的經驗，另一個則是來自其他有錢人的成功與失敗的經驗。

我相信思維10「有錢人在乎一年可賺多少；薪水族計較一個月可領多少」是開啟成功之路的必要起點。因為它能讓你開始關心自己想要追求的事物，而絕大多數的人不是把注意力放在和自己所求的目標毫無關係的事物上頭，就是從未為了追求的事物設定實現的目標。思維9到思維2的重要性，則可根據個人經歷的不同自行調整。比方說，在你人生階段的某段時期，思維7可能比思維3來得重要許多，因此，哪個思維對你的心靈產生最大的迴響，就請傾聽它的聲音，生命自然會指引你該怎麼走。

當你讀完這十個思維，將會發現思維1「有錢人習慣往好的方向思考，進入好循環；薪水族經常朝壞的方面抱怨，陷入壞循環」是目前為止最重要的，而且須終其一生勠力為之的不二法門。謹記，打造成功人生在於整個過程，成功之路絕非一蹴可幾，它需要你隨時隨地兢兢業業地營造。

思維

10

有錢人在乎一年可賺多少

- 以年為單位來思考金錢
- 相信只要有心，誰都可以賺到更多錢
- 為追求「金錢自由度」，忍人所不能忍
- 只要跨出第一步，絕不輕易打退堂鼓

10

思維

薪水族計較一個月領多少

- 以日、星期、月為單位來思考金錢
- 認為賺多少是命中注定
- 只追求一時的享樂與眼前的滿足
- 遇到壓力、挫折立即退縮

我們可以把社會上的人大致分成五種類型：赤貧的人、窮人、中產階級、有錢人與億萬富豪，而每一種類型的人，都有各自獨特不同的金錢觀。赤貧的人是以「天」為單位思考金錢；窮人是以「星期」；中產階級就會以「月」；有錢人則是用「年」；最有錢的巨富，則是以「十年」為單位。

從這五種類型的金錢觀中，我們還能歸結出三個主要的生存目的。對於赤貧的人與窮人來說，金錢之於他們的主要目的是「求溫飽」；對於中產階級來說，主要目的是「能滿足」；而對於有錢人與億萬富豪來說，主要目的則是「要自由」。

赤貧的人與窮人幾乎只希望在生活上能夠溫飽；中產階級則是追求生活中的一時滿足，在他們的內心當中，總是缺乏雄心壯志，認為天底下的錢就是這麼多，而人一輩子能賺多少錢，也是命中注定的；但有錢人與巨富知道事實並非如此。他們相信任何人都可以賺取更多的財富，只要有心就絕對能辦到。

你對錢財抱持什麼樣的看法，就會與你賺多少錢有著密不可分的關係。如果抱持的是消極心態，那麼就會覺得能存活下來就已是阿彌陀佛了，又或者賺到的錢只剛好夠過著還算差強人意的舒服日子；然而，倘若抱持的是積極進取的心態，那你就會進一步想要追求生活上最大的自由。

聖經說：「尋找，就會尋見。」這句話套用在財務管理上也同樣真切。你追求什麼樣的人生目標，就會得到什麼樣的人生。如果只是尋求三餐的溫飽，那麼你應該不至於餓死；倘若你追求的只是一時的滿足與舒適，那麼你的生活條件應該也不會太差；要是你追求人生中毫無顧慮的絕對自由與自主，你也必然可以如願以償。

人無遠慮，必有近憂。凡事想得長遠一些，無形之中就會產生出力量。如果你能養成長遠思考的習慣，則這股力量將協助你邁向富足之路。

接著，讓我們在此分別探討這五種類型人的金錢觀。

赤貧的人是以「天」為單位來思考金錢，如同你所知那些按日領薪的粗工與街頭的流浪漢那樣。一般來說，他們的年收入都遠低於一萬美元★。

窮人則是以「星期」來打算他們的錢財。他們多靠著支領週薪來維生，卻常因為要做到家計的收支平衡而左支右絀。就我的了解，窮人一年大概能賺兩萬五千美元左右。

對中產階級而言，基本上是以「月」為單位來考量金錢。每個月的帳單，例如：房貸、車貸、信用卡繳費單與其他固定支出，都是他們所關心的。中產階級的年收入，應該可達十萬美元。

有錢人則以「一年」來作為思考金錢的週期。他們一開始就很清楚自己的財務負擔，也會學習金融相關知識與各項投資竅門。對一個有錢人來說，一年當中至少能賺上十萬到五十萬美元。

億萬富豪則是以「十年」為單位來思考自己的錢財。他們構思事業經營的藍圖，期望做到永續經營的目標。這些人不僅懂得合法避稅的巧門，確保每一分錢都會用在自己身上，並學習如何將資產留給下一代，避免自己辛苦

★書中所提的貧富分級，為美國的約略概況。根據主計處統計，按照五等分位法，二〇一九年台灣平均每戶可支配所得，最低到最高為：350,189元、645,272元、911,571元、1,253,751元、2,137,871元。

一輩子得來的成果，被課徵而縮水。基本上，億萬富豪一年所賺的收入，遠超過五十萬美元以上，絕大多數都至少賺到一百萬美元。

將你的思考往未來延伸

當你對於未來的思考點越往後延伸，你也將會變得更加富有。在我所認識的億萬富翁朋友當中，絕大多數人的腦袋瓜裡，總是藏有一份至少為期十年的事業藍圖。

在初次嘗試以年為單位來思考金錢之後，我的收入確實開始大幅增加。我經常像這樣在心中盤算：「該做些什麼才能讓今年收入倍增？又該怎麼處理才能合法地少繳一點稅？」當見識到那些亦師亦友的成功者，看著他們是如何在生活上秉持長遠思考的原則，這帶給我相當大的啟發，激勵著我仿效他們，以更長遠的眼光思考將來。現在在我的心中，也有著一套關於未來二十年的事業藍圖，而且每隔一段時間，就會重新思索自己在五年、十年、甚至二十年後想過怎麼樣的生活，以此訂定出一套實現夢想的計畫。

你期盼自己十年後要過什麼樣的生活呢？好好思考這個問題，並著手開始妥善地規畫一番。再者，你必須了解的一件事是，長期思考需要耐心，耐心往往是有錢人最重要的人生資產。窮人或是中產階級一輩子最大的負債，莫過於缺乏這樣的耐心。

中產階級的習慣思維，總是圍繞在即時行樂。像我自己多年前也都是這樣生活，只要心裡有什麼想要的，二話不說就馬上掏出信用卡來刷，再不然就會先給訂金再說。如今我會耐著性子，壓住自己的購買欲望，因為我知道，自己的目標在於追求未來在金錢上毫無拘束的自由自在，而不是眼前一時的小小滿足。

有錢人與富豪懂得用心培養自己延後享樂的紀律，他們很清楚今日可以為人所不能為，忍人所不能忍，明日就能獲得其他人無法享有的事物，也就是赤貧的人、窮人與中產階級永遠不可能得到的「金錢自由度」。享有更多自主與自由，是有錢人與富豪的目標，他們喜歡掌控自己的人生。

赤貧的人、窮人與中產階級，經常把自己人生的控制權交到別人手裡。諷刺的是，得到他們的人生控制權的，正是那些有錢人與億萬富豪。

有錢人重視生活上的自由程度，遠超過一時的舒適與滿足——正因為這麼想，他們最後能同時擁有自由與舒適的生活。

中產階級之所以無能享有生活上毫無罣礙的自由，原因也在於他們僅關心生活上一時的享樂與短暫的舒適。

以長遠的眼光思考生活的每個領域

我希望大家能夠了解，長遠思考的原則不只適用於你生活上的財富管理，同樣也能應用在生活的每個領域。比方說，以長期的眼光思考自己的人際關係，絕對是個聰明的做法。倘若能做到這一點，你將會更尊重身旁的人，並且懂得以追求雙贏的心態，來處理自己與他人的關係。

如果很不幸地，你是以炒短線的心態來看待人際關係，那麼算計別人來幫你做事就會成為交友的唯一目的，最後把所有人都視為自己予取予求的工具。如此這般唯利是圖的交往方式，很可能將你變成一個孤獨無依的人，尤其是到了晚年的時候。

培養長期人際關係是有錢人的交友之道。怎麼樣才能對家人、朋友與客戶有所助益，亦是他們會思考的重點。這也為有錢人在追求財富的過程中，長期地發揮魚幫水、水幫魚的效用。

你所營造的人際關係，將會決定你這一生是否真的富足。所以每隔一段時間你就得捫心自問，要怎麼做才能與你所愛的人營造出更深入而密切的關係。

正如世上有人在財務上極為窮困，同樣也有人在情感上極其貧乏，不懂得如何去愛惜他人，或是待人欠缺耐性。無論是毫不設身處地為人著想，又或者遇事絕無寬容心與易於動怒的人，他們都將會是情感上的窮人。因此，努力讓自己成為有錢人的同時，也該用心和他人建立深厚的情誼。

讓自己成為人際關係的富人，比起事業的成功還要來得重要許多。因為擁有良好的人際關係是一種人生意義，更是一種自我實現。

儘管你擁有了絕對的財富與成功的事業，卻在人際關係上一敗塗地，這樣的人生又有何意義可言？不管是金錢人生還是情感人生，這兩者都必須以長期的眼光來思考。

以長期的角度來看待自己的身體健康，同樣也是有智慧的作為。如果對此真有體會的話，你便會撥出相當的時間來運動，並會開始讓自己吃得更健康。反之，若你不是抱持長遠思考來面對自己的健康問題，必然會忽略運動對你身體的重要性，更會不在意地吃進大量的垃圾食物。如此一來，你的體重必然會超出標準，精力也將日漸衰頹。從長遠的角度來看，若是失去了健康的身體，又怎麼可能有充足的活力來經營成功的金錢事業？

日常生活的各個領域彼此都息息相關，所以你得時時保有長期性思維來面對所有一切，如此才能獲得全方位的提升。

你的心靈生活也是需要長遠性的思考。想一想，什麼是你甘願終其一生不斷反覆思索的？什麼主題可以給予你特別的啟發？當你的心靈能量投射在哪些事物上頭，就會讓你深感興致盎然呢？

能夠終其一生把精神都投注在令自己興奮與啟發良多的事物，這樣的人必定可以獲得心靈的平靜。而那些被認為心靈極其空虛的人，往往鎮日只知道抱怨與不滿，並且只會將自己的心靈能量，虛擲在不喜歡的事物上。

處在心靈空虛的狀態之下，生活將會充滿壓力。想讓自己的心靈更加平靜嗎？如果你的答案是肯定的，就請開始用長遠的角度來規畫自己的心靈生活吧！把心靈能量集中在讓自己感到歡喜的事物上頭，把一輩子的時間都奉獻給那些能夠帶來啟發的相關領域，並且在你特別熱中的部分，找到賺錢的良方。

這是許多有錢人的祕密，他們都是靠著從事自己喜歡的工作，來賺取無限的財富。這不僅令他們擁有富甲一方的家產，同時也讓他們的心靈得到充實與滿足。長遠思考不光只能用在財務領域，實際上，在人生的任何方面都少不了它。

設定目標時，盡可能從長期著眼

為了能夠從貧窮中脫困成為中產階級，或從中產階級轉變為有錢人，又或者是從有錢人晉升為億萬富豪，你在做人生規畫時，得盡可能地往未來延伸，為自己設定長期目標，越多越好。而人們往往高估自己一年能做多少事，卻永遠低估自己十年間可以辦到的事情，其實你能做的比自己想像得還多。

一旦訂出長遠目標之後，你將會發現，自己比起過往更容易培養出堅定的意志。無論是誰，在人生當中難免會遭遇重大挫折，即便是億萬富翁也不例外，不過他們卻經常仰賴於對目標的堅持，而終能度過難關。如果你希望自己的夢想有實現的一天，那麼就得成為一個「勇往直前，堅持到底」的人。

中產階級在面對重大壓力時，往往會臨陣退縮。歸咎其背後原因，就在於他們講究的是舒適。只要事情的進展接二連三地蒙受打擊，便會意興闌珊，沒有意願再接再厲；然而，有錢人只要跨出第一步，就絕不會輕言打退堂鼓。他們會接著邁出第二步、第三步，就這樣一步步地昂首向前。這是因為他們著眼的是長期的巨大獲益，無論中途有什麼阻礙，都無法撼動他們堅定如一的心志，直到歡呼收割之際才會停下腳步。

NOTE

- 你追求什麼樣的人生目標，就會得到什麼樣的人生。
- 有錢人最重要的人生資產是耐心，而缺乏耐心卻是中產階級最大的負債。
- 有錢人清楚知道，今日忍人所不能忍，明日才能獲得人人希冀的金錢自由度。
- 人際關係將是你這輩子是否會富足的關鍵因素。
- 失去了健康的身體，如何能有充足的活力來經營成功的金錢事業。
- 人們往往高估自己一年能做的事，卻又低估十年可以辦到什麼。

思維

9

有錢人談觀念

- 關注名人致富的原由
- 善於讚美別人的長處
- 賺錢的關鍵在於正確的觀念
- 多會使用積極正面的詞彙

9

思維

薪水族聊是非

- 受名人外在的名氣與財富吸引
- 喜歡對別人無謂地批評
- 賺錢的關鍵在於充裕的資金
- 滿腹牢騷，總是不停抱怨

只要給我個把鐘頭的時間來聽你講話，我便能從中推估出你未來的命運走向。人們在話語當中經常洩露自己內在的渴望與心智，於是他未來人生的精確圖像也就展露無遺了。

你會花時間和別人談些什麼呢？人的話語就如同船上的方向舵一般，你的一言一詞將決定未來的人生會航向何方。有錢人會花許多時間來談論處世的觀念，而絕少把心思放在無謂的是非八卦；然而，薪水階級則恰好相反。他們一有空就把時間花在和自己的未來毫無相干的事情和他人之上，以致於沒有多少空閒能和人好好聊一些對自己未來可能產生效用的想法。

大人物、一般人與小人物的差異

曾經有一次，在某個大企業的辦公室裡看到一塊牌匾，上頭明白地寫著：

「大人物談觀念，一般人講事情，小人物聊是非。」這句話真是值得人們再三頌揚。

你都把時間花在談論什麼呢？觀念、事情或是非？

而我想大家也一定聽過這句俗諺：「這個世界可以區分成三種人：第一種人是努力工作讓自己成功的人；第二種人是只會努力幻想自己會成功的人；第三種人是努力問什麼是成功的人。」你是否想過自己屬於哪一種人？

深入探討這句話，你便能歸結出那些成功人士之所以功成名就的祕訣。很多身價千萬以上的人都極具創造力，他們花很多時間思索創新的概念，而在擬定計畫時，也都會採行富有多元選擇性的思考模式，並尋求各式各樣的可能。

為求人生當中能有更大的成就，你必須持續不斷地擴展自己的心智。而處於這個事物變遷快速的世界之中，你最好多花些心力來思考新的做事方式，這對你才是明智之舉。

有錢人偏好談論好的處世觀念，再透過身體力行，使自己獲得成功；薪水族則喜歡高談闊論別人的成功事蹟，卻從來不曾加以實踐；而窮人則是偏好對別人說三道四，並四處打聽他人的隱私。

談話的內容

薪水階級與人閒聊時的內容主題，有許多都是出自有錢人的創意構想和事業版圖，而這些不外乎是名車、運動、娛樂、音樂與度假方式。

有錢人開設汽車公司、擁有職業球隊，不管是賣座電影、高收視率電視節目，又或者紅透半邊天的唱片專輯，無一不是他們的投資。即便你想逃離繁華的都會城市，來到一處可以完全放鬆的度假景點，也同樣還是出自有錢人之手。薪水階級花錢購物消費，以滿足自己的舒適，幾乎樣樣都來自於有錢人的概念。

讓我們更仔細地觀察娛樂事業吧。薪水階級與窮人通常是好萊塢最熱情的粉絲，他們似乎是為了娛樂八卦而活。每天醒來一睜開眼睛，就等不及想知道哪位明星今天又有哪些新鮮事，甚至可以鎮日守在電視機前面。

不可否認地，娛樂在人們的日常生活中占有一席之地，但也必須維持在適可而止的程度。有錢人誠然不會是娛樂的絕緣體，但他們可不會花太多時間在這上頭。薪水階級與窮人之所以熱中娛樂的重要原因之一，在於他們太容易受到明星外在的名氣與迅速累積的財富吸引；然而，有錢人關注的是名人致富的原由，並非他們被渲染放大的虛名。因此，不會輕易受到那些號稱天王巨星任何形式的生活風格所影響。

那些容易受人影響的人，往往是因為缺乏自信，搞不清楚自己這輩子想要追求的到底是什麼；但有錢人則永遠對自己充滿信心，同時清楚自己要的是什麼。當你知道自己是誰，以及清楚明白所要的是什麼樣的人生時，你就必然會有更大的自信心，當然也就更容易成功。

對人的態度

一般來說，人與人之間的交往，若情感是貧乏淡薄的，將很難享有富裕的人生。一個無法透過廣結善緣來擁有良好人脈關係的人，絕不可能變成有錢人。如果你經常習慣性地說人壞話，那麼你要付出的代價，肯定不只是人際情感而已，還可能因此斷送掉自己的財富人生。所以暗地裡說三道四、損傷他人，絕對是既幼稚又無知的舉動。

如果懂得尊重每一個人，又或者即便對人有些疑慮，也總是從好的一面替對方設想，相信每一個人都是想要盡全力把事情做到最好，如此將讓自己往成功更邁進一步。

我絕對相信，想從別人的作為當中，挑出自己不喜歡或不贊同的成分，絕對不是一件難事。不過我衷心誠意地建議，與其留意別人做了些什麼壞事，倒不如多注意他們做了哪些好事，並且不吝給予讚美。

有錢人總是善於讚美別人的長處，他們知道這麼做能讓人體認到自己的重要。對有錢人來說，激勵別人成長對他們百利而無一害。貶損別人是愚蠢的行為，這麼做只會讓自己產生負面的態度，而且通常會越陷越深，無法自拔。抱持負面態度的人，他的內心思考將會一天比一天灰暗，這對人生的影響之大，超乎你我所能想像。

立即停止對他人的批評吧！開始養成讚美別人的好習慣，我保證你可以馬上感受到自己的好運接踵而來，各種預想不到的機會之門也將為你敞開。

每個人都喜歡接受別人的推崇，倘若你已學會時時稱讚別人，你將會發現，身旁的人莫不盡其所能地幫助你。

有錢人雖然也會和朋友聊起他人的事蹟，但所談的方向卻與中產階級截然不同。有錢人談的是哪個人擁有偉大的觀念，又有誰運用了哪些好點子創造出可觀的財富，並討論該如何向他們學習。

我有個身價上億的好朋友，他和我一樣經常參加各種研討會，而我們也會交換參加不同研討會時，各自做的筆記。無論何時，只要在自己的事業領域上，學到了好的新鮮事物，就會彼此分享。當我們談起某些人時，重點也都集中在要怎麼從他們身上學到優秀的觀念，以及討論他們是如何妥善運用這些概念，對事業產生正面效用。

這些正是有錢人聊起他人事情的態度。他們似乎全把焦點放在別人的概念上，而非聊些八卦。

觀念的力量

為什麼有錢人總是把心力、時間都耗費在觀念上呢？答案是因為有錢人知道，想要賺大錢，首先就得要有個好概念。薪水階級一直以為，賺大錢的首要關鍵在於手頭上要有充裕的資金；然而，有錢人卻比薪水階級清楚個中奧祕：只要擁有正確的觀念，想要有多少財富，就有多少財富。

世界上最珍貴的資產，莫過於人的思想與觀念，擁有偉大的事業概念，必然能為自己賺進巨大的財富。舉凡你所見的每一種事物，其最初原點無不發軔於內心的想法。要是你希望自己可以更富有，那就該多花時間發想創新概念，一旦有了新的想法，也別忘了與成功者一同討論，以求取最好的建言。

這裡有個要點必須特別提醒你！千萬不要跟對成功無所求的人討論你的

概念，因為這麼做只會讓你遭到勸阻，甚至是奚落，最終落得自己意興闌珊。有錢人通常只會選擇志同道合的人談論觀念，他們不會去跟內心處處自我設限的人談論這些東西。而許多薪水階級的心態，往往就是如此偏狹，因為他們根本不相信觀念的力量。

我要告訴你的是，我不否認金錢具有力量；然而，擁有正確的觀念，必能讓你擁有比金錢更加巨大的力量。

你能做什麼？

每天撥出一些時間，對於事物多做些天馬行空的想像，將有助於增加自己的創意。當你在日常生活中，能有意識地將想像力運用自如時，就會源源不絕地產生各種賺錢的好點子。對於有錢人來說，他們可不擔心找不到帶來財富的概念，而是煩惱要選擇哪個點子來付諸行動。

以下提供兩則簡單易行的訣竅，幫助你可以多談觀念，少談八卦與是非：

一、改變你說話的詞彙

當在和他人談及觀念時，你需要不同於薪水階級經常掛在嘴邊的那一套慣用語彙。千萬記得要多講「可能」，少講「不可能」；多講「我可以」，少講「辦不到」；多講「我想要」，而少講「我應該」。

有錢人在言語上，多會使用積極正面的詞彙。這裡所謂的「正面」，可不是一種用來自我催眠的戲法，而是一種令你產生真正動力的語言。仔細聆聽身邊有些薪水階級說話的內涵，你將發現與他們對話終究是悲觀多過於樂觀。有錢人在言談之間，總是帶有堅定的信仰，他們相信自己能將心中的概念轉變成真實，也就是真正實現自己心中的夢想。

二、停止抱怨，馬上開始學習

薪水階級往往習慣怪東怪西，不管是事情還是旁人，全是他們責備的對象。但我相信，無論怎麼怨天尤人，你不喜歡的事與人，都只會更多而不會變少。抱怨帳單或債務，只會讓你支付更多的帳單或債務；怨懟別人對你不公平，那麼你將繼續受到不公平的對待；對工作不順遂而嘮叨埋怨，你的工作狀況肯定每況愈下，越來越糟。

切記，你所說的每一句話，其產生的力量將足以左右你未來的人生經驗。所以，停止抱怨吧！把心思放在如何做方能改善現狀，才是明智之舉。

有錢人絕不會是滿腹牢騷的可憐蟲。在我過往的印象中，不記得身邊那些亦師亦友的富豪們，有哪一個人曾在片刻的時間裡，對我埋怨訴苦過任何事情。

你的用字遣詞將會洩露你自己的內在想法。在你的生活裡，是否對任何人總是充滿鄙視、不屑呢？你的腦海裡，是否一直充斥著負面的思考模式呢？請好好地聆聽自己說的話，答案自然就會分曉。況且你必須了解到這一點——經常埋怨別人，實際上就是在詛咒你自己。

如果你不想繼續自我詛咒，希望從今而後能對自己有更多的祝福，那麼就請停止抱怨，從此刻開始，對所有的一切懷抱最大的感謝。感恩是宇宙間最偉大的力量。請將自己全副的精神，集中在那些值得感恩的事物上頭，那麼你的人生將會得到更多。多以讚許與感謝的口吻來談論觀念、事情以及任何人，你的人生將因此得到轉變的契機。

當你下一次遇上麻煩，心煩氣躁地想找人抱怨時，就請你先捫心自問：「人生將藉此教給我什麼道理？」當一切都無法盡如己意，或者是艱難橫阻於前，讓事物的進展無法順利時，這當中必然有著值得我們學習之處。這些在人生路上避免不了的教訓，將會教導我們從嶄新的觀點來看世界，並將為你引導出新的觀念來。

學習從不同的觀點看待事情，你將能擁有令人振奮的新觀念來和別人分享。

NOTE

- 世上有三種人：努力工作讓自己成功的人，努力幻想自己會成功的人，以及努力問什麼是成功的人。
- 用多元思考模式，持續探索創新的可能，是成功人士的行事祕訣。
- 習慣說人壞話，不只損傷人際情感，還會斷送自己的財富人脈。
- 有錢人總是善於讚美，他們知道，激勵別人成長百利而無一害。
- 好觀念是世界上最珍貴的資產。
- 金錢是有力量，但觀念比金錢更有力量。
- 埋怨別人就是詛咒自己。
- 當你遇上麻煩想抱怨時，請先問自己：「人生將藉此教給我什麼道理？」

思維

8

有錢人樂於改變

- 認為改變就是機會
- 順應時勢，隨時調整改變
- 「選擇」讓自己富有
- 抓住人生的每個契機便能致富

8

思維

薪水族抗拒改變

- 認為改變充滿威脅
- 因為恐懼而拒絕改變
- 「希望」自己能富有
- 總想著別人之所以有錢，是因為運氣好

改變可能是好的，也可能是壞的。改變最讓人感到為難的是，我們不知道變動後會帶來什麼樣的後果。如果結果是好的，當然皆大歡喜，因為好的結果人人都愛；要是結果是壞的，則不免令人搥胸頓足，徒呼負負啊！

薪水階級一般都認為改變只會帶來不好的結果，因此，他們害怕改變、抗拒改變；然而，有錢人和薪水階級卻有著不一樣的見解：他們認為只要改變就是好事，即便改變所導致的結果更糟，他們也一樣樂觀看待，因為改變會帶來機會，而機會將能為自己帶來財富。

尼杜・庫比恩（Nido Qubein）曾說過一段睿智雋永的話：「對於膽小的人來說，改變是可怕的；對於墨守成規的人來說，改變充滿威脅；然而，對於我們這群充滿自信的人來說，改變就是機會。」

學習擁抱改變

你會以何種態度面對改變，特別是出乎你意料之外的變化？

如果你想成為有錢人，就必須學會以積極的態度面對改變。有錢人樂於接受改變，因為他們知道，改變一定能帶來成長的機會。

缺乏安全感的人抗拒改變；充滿自信的人樂於改變。有錢人往往充滿自信，他們的自信源自充分的準備與努力的工作。自信是自我惕勵的結果；自信是勇於證明自己而獲得的報酬；自信是了解自己有能力克服眼前一切的困難；自信是相信能實現自己所做的一切選擇。

選擇vs希望

有錢人「選擇」讓自己富有；薪水階級「希望」自己富有。選擇與希望有著極大差異，選擇是一種行動，而希望只是空談。做出選擇的人秉持信念，他們相信自己做得到；僅會懷抱希望的人，對自己的能力充滿懷疑，他們不相信自己做得到。

「懷疑」其實也是恐懼的代名詞。薪水階級害怕自己沒有能力致富，擔心自己下半輩子會淪落得要過窮苦的日子。

你是怎麼想的呢？你是相信自己能夠致富，還是害怕自己無法富有？你面對改變的態度，決定了你的想法屬於有錢人還是薪水階級，也決定了你未來能不能有錢。

8

思維

如果原本習慣的生活步調或世界出現變化，你可能會感到生氣，因為生活突然超出了你所能掌控的範圍。當改變發生時，你或許會愁眉不展，因為你害怕找不到應對的方針；當生活處處不順心時，你會不斷抱怨，因為你完全沒有謙卑之心，不懂得感謝上蒼給你這麼一個學習的好機會。如果生活突然出現重大變化，有錢人不會抱怨，不會憂慮，更不會生氣；相反地，他們懂得在改變中找到自己的機會。改變經常能為你帶來成長的機會，讓你更加茁壯。

在改變中看到機會

薪水階級害怕改變，主要是因為他們不知道自己的能力是否足以應付變化。人們拒絕改變，最大的理由是恐懼。

恐懼使人盲目，而盲目的人看不到機會；一旦你培養出自信，並且學習接受改變，你將會在改變當中發掘到更多機會。

曾經有人這麼說：「在這個日新月異的時代，願意學習的人可以得到全世界；不願學習、抱殘守缺的人將會發現，原本自己了解透徹的那個世界，已不復存在。」改變教導我們全新的事物，而且是我們必須去學的新事物；於是我們學得越多，力量就越大，也越有自信心。

自信就是力量。越有自信的人在機會出現時，越能早一步做好準備，抓住機會；而你永遠不知道，機會在什麼時候會出現。

薪水階級以為有錢人之所以有錢，只是因為他們的運氣比別人好——他們生對了時代，又來對了地方。然而，光是生對時代與來對地方還不夠，重點在於你必須是對的人，出現在對的地方與對的時代；否則，就算機會在眼前，你也無法看到。學習擁抱改變，確保自己能抓住人生的每個契機，並因此獲利。

誰能緊跟著時代做出改變，誰就能掌握未來，改變就是順應時勢。簡單地說，即是改變過去的自己，使將來的自己能夠在新時代中大放異彩。學習接受改變是增強自信的第一步，以積極的心態面對世局的變化，便能讓我們樂於接受改變，並且變得更好，這就是改變的真正目的。人類生來就懂得學習，也因為學習而獲得了成長，這是造物主的巧妙安排，藉由一連串的變化督促我們學習與成長。

自己學會飛翔

拒絕改變就像小鷹不願離開溫暖舒適的巢穴，於是母鷹只好將巢中鋪平的柔軟羽毛一一取下，原本舒服的窩就變成了坐立難安的荊棘之地。小鷹還沒意會到發生了什麼事，就被尖銳的荊棘刺得狼狽不堪。小鷹抬頭對母鷹說：「媽，妳為什麼這樣對我？」

母鷹說：「是時候了，你該要自己學會飛翔。」

生命藉由改變來督促你學會飛翔，所以下一次當你問到：「為什麼這種衰事會發生在我身上？」別忘了母鷹對小鷹說的話。

有時我們不知道該怎麼做，內心也總是感到徬徨無助；然而，一旦到了整個局勢逼迫我們不得不做出決定時，心中往往就能浮現答案。有時我們請周遭的人回想生命中最艱難的時刻，那一刻就像老天爺對他開了一個大玩笑，向他的人生投出一記變化球，並且讓他揮棒落空。儘管如此，如果在遭遇艱難的當下，仍能不屈不撓地堅持下去，終有苦盡甘來的一天。此時的他或許會說：「雖然很苦，但那是我這輩子遇過最美好的事。」

幾乎每個人都有類似這樣的經驗，所以讓我們記取自己的人生教訓，相信改變最終必定能為我們帶來好處。改變是好的，當變化來臨時，你越快接受它，就越能學到教訓；你越快學到教訓，就越能獲取新的力量。

提升自信的感覺很棒，好好享受成長與力量增強的快感。當變化來臨時，讓自己愉悅地順應環境並做出調適，你終將創造出不同於過去的人生。

NOTE

■ 改變帶來機會，而機會將為你帶來財富。

■ 有錢人用行動「選擇」富有；薪水族只會希望自己有錢。

■ 恐懼改變使人盲目，盲目的人看不到機會。

■ 順應時勢，改變過去的自己，使將來的自己能在新時代中大放異彩。

■ 缺乏安全感的人抗拒改變；充滿自信的人樂於改變。

■ 人生來就懂得學習，改變能督促我們學習與成長。

思維

7

有錢人精算得失敢冒險

- 面對恐懼，克服恐懼
- 不斷嘗試，視失敗為成功之母
- 比起他人的肯定，更重視的是成功
- 在人生競賽中，一定要得分

7

思維

薪水族害怕離開舒適圈

- 逃避恐懼，屈服於恐懼
- 一經失敗就放棄
- 過度重視他人的肯定
- 在人生競賽中，只要不失分就好

薪水階級不願冒險，因此，只能原地踏步而難有成長。要想突破現狀，使自己有飛黃騰達的一天，唯一之計就是冒險。拒絕冒險，就不可能突破現狀，飛黃騰達。什麼？我同一句話說了兩遍？沒錯，我是故意的。事實上，我還想再說一次。如果你的人生從不冒險，那麼機會就不可能出現在你面前。

然而，冒險可不是亂槍打鳥，盲目射擊。即便是性好冒險的有錢人，冒險之前也必然經過盤算；但所謂「經過盤算」是什麼意思呢？

「盤算風險」是指在採取行動之前，對於各種可能發生的事態皆有充分的認知與了解，並且預先考慮過失敗可能帶來的後果。

如此通盤考量，不僅能提高成功的機率，也能知道在哪裡該止損，更有勇氣抓住冒險的機會。

運用知識克服恐懼

有錢人不怕冒險，但不表示他們心中毫無恐懼。和薪水階級一樣，有錢人也會感到恐懼；然而，兩者處理恐懼方式的不同，決定了各自未來人生的差異。

有錢人面對恐懼、克服恐懼；薪水階級則是逃避恐懼、屈服於恐懼。

有錢人運用知識來克服自己的恐懼。如果說恐懼是黑暗的話，那麼知識就是明燈，明燈能照亮黑暗，知識能破除恐懼。

有錢人在冒險之前，會努力充實自己的知識，並且詳細考慮、評估各種失敗的可能，他們從來都不認為盲目的投資會讓自己得到任何報酬。

風險管理是有錢人會做的事。我從自己的導師尼杜．庫比恩身上學到一個最簡單的管理風險法則，他教我要反問以下三個問題：

1. 最好的結果會是什麼？
2. 最壞的結果會是什麼？
3. 最可能發生的結果會是什麼？

如果你受得了可能發生的最壞結果，而且最可能發生的結果能讓你離目標更進一步，那麼你就應該勇敢去嘗試。如果你沒有能力處理可能發生的最壞結果，或是最可能發生的結果無法使你離目標更進一步，那麼你當然要放棄。下次有機會冒險時，請你先問自己這三個問題。事實上，正是這三個問題讓我產生敏銳的洞察力，也幫助我做出明智的決定。

我發現到薪水階級的內心有三種主要的恐懼，使他們不敢主動開創屬於自己的人生事業。這三種恐懼分別是恐懼失敗、恐懼否定與恐懼損失。

恐懼失敗

問題不在於「會不會」失敗，而是在遭遇失敗時，你會用什麼態度去面對。有錢人了解失敗是通往成功的必經之路，所以他們不怕失敗。有錢人遭遇失敗時，往往大方地擁抱失敗，並記取得到的教訓，好讓自己更為睿智。薪水階級恐懼失敗，因為他們認為失敗是壞事，對失敗避之唯恐不及；有錢人剛好相反，他們認為失敗是好事，因為失敗能讓他們看到自己的不足之處，使他們有機會學習與成長。

越是恐懼失敗，越不可能冒險，因為不管任何時候，只要是冒險，就有可能失敗。如果學習以正面的角度看待失敗，你將會更願意冒險。你怎麼看待與回應失敗，將決定你的成功會到達哪個層次。

失敗為成功之母，失敗也是生命用來指點我們的方式。有錢人失敗時，會重新學習並且再次嘗試；薪水階級在面臨失敗時，卻是決定不再冒險，於是常常把這句話掛在嘴邊：「我以前曾經嘗試過，不過現在我不會再讓自己試第二次了。」薪水階級一經失敗就放棄，有錢人則是不斷嘗試。就算失敗，你也要堅持到底，否則成功永遠不會自己找上門來。

恐懼否定

薪水階級往往過於重視他人的肯定，當然，每個人都希望能獲得肯定，也希望可以成功，而下面這句話是你事業成功的重大關鍵：「你必須重視成功甚於別人的肯定。」

有錢人渴望成功甚於別人的肯定。為了成功，你就得有所冒險，就算在過程中失敗了，別人可能否定你的所有作為；然而，即便你已經成功，還是免不了會有人對你表示否定。

曾經有人這麼說過：「世上有三分之一的人喜歡你，三分之一的人不喜歡你，剩下三分之一的人根本不在乎你是誰。」有錢人很清楚自己不可能取悅全世界的每一個人，如果你過度執著別人對你的認可，這將會阻礙你從事冒險。你不能光為了尋求別人的認可而放棄冒險，以及可能帶來的成功。

事實上，無論你怎麼做，就是會有人看不順眼，又何需理會別人的目光？為了自己的成功目標，該怎麼做就怎麼做吧。

恐懼損失

有錢人在人生的競賽中是為了得分，而薪水階級卻只希望自己不要失分就心滿意足了，兩者間有著天壤之別的差異。你能想像有哪個球隊居然整場比賽都採取守勢嗎？像這樣的球隊根本不可能贏得最後的勝利。換言之，如果你因為恐懼損失，在金錢的運用上採取守勢，那麼你終其一生根本不可能獲得財務自由的機會。

在生活中只求不失分的人，總是在事後大嘆早知如此何必當初。從「我早該這麼做」進展到「我做到了」，這可說是世上最難跨越的一道鴻溝。

有錢人喜歡說：「我做到了。」而薪水階級卻總是悔不當初地說：「我早該這麼做。」冒險或許會讓你損失一些金錢；然而，此時的你應該接受損失，繼續冒險。正如失敗是成功的必經路程，損失也是勝利的必要經驗。

你可知道，絕大多數的有錢人都免不了經歷多次金錢損失？甚至部分有錢人在贏得金錢遊戲之前，還不只破產一次。倘若你真的想要贏，那就得克服對損失的恐懼，因為恐懼損失使得薪水階級永遠成為成功人生的旁觀者。如果你下定決心想要贏的話，就必須在比賽中得分，倘若僅盼望自己不要失分，那麼你終將輸掉整個賽局。

珍惜人生的每一刻

提到人生的各種際遇，我常告訴身邊的人，要珍惜人生的每一個時刻。有一份針對九十歲以上老人所做的問卷調查，其中問到：「要是人生可以重新來過，你會做什麼樣的改變？」

最常出現的答案有三個，你不妨也猜猜看。第一個答案是他們更願意嘗試更多的冒險，想不到吧！當人生走到了終點站時，人們總是遺憾自己還有許多事物未曾嘗試過，而不是遺憾自己曾經做過哪些事。只有在你曾經冒險過後，你的人生才不至於有所遺憾，不要使自己等到臨終時才說：「真希望當初我曾經那麼做過。」既然如此，我們是否更應該鼓起信心，克服恐懼，盡可能去試試看呢？

第二個答案是，他們願意花更多時間，珍惜生命中的美好時光，並且從逆境中吸取教訓；第三個答案則最為常見，他們願意付出更多，希望自己努力的成績可以流傳後世。如果你希望自己的成就能被後人傳頌，你就必須有更大的突破。一般受到世人讚揚的成功者，往往就是那些願意冒險犯難的人。

這群已是過來人的耆老想要告訴我們的是，多冒險、多反思，並且留下更多的建樹給後代子孫。如果你無法從耆老們的忠告裡學到這些道理，我相信你也不可能從其他事物學到任何教訓。這件事情是如此的重要，讓我不得不再重申一次：「如果你的人生從來不願冒上風險，那麼機會之神就永遠不會在你的面前出現。」

請你一定要牢牢記住，如果恐懼是黑暗，那麼知識就是明燈。有了明燈來照亮黑暗，你將有更多勇氣採取必要的行動。有錢人會克服自身的恐懼，果敢地採取正確行動；相反地，薪水階級會屈就於自我恐懼，他們只會讓自己的人生充滿無數的遺憾。切記，盡可能讓自己大聲說出「我做到了」，而不是用懊悔的語氣頹喪地說出「我早就應該這麼做」。充實自己的知識，並且善於計算風險，同時也不要忘了時時刻刻反問自己這三個問題：

1. 最好的結果會是什麼？

2. 最壞的結果會是什麼？

3. 最可能發生的結果會是什麼？

這三個問題將能幫助你想得更透徹，看得更清晰。

NOTE

■ 如果你的人生從不冒險，機會就不可能出現在你面前。

■ 有錢人懂得管理風險，明智判斷是否要勇於冒險。

■ 你必須重視成功甚於別人的肯定。

■ 有錢人在人生競賽中追求得分；薪水族卻只希望自己不要失分。

■ 人們總是遺憾於自己還有許多事物未曾嘗試過，而不是遺憾自己曾經做過哪些事。

■ 如果恐懼是黑暗，那麼知識就是明燈。

思維 6

有錢人會不斷學習，讓自己成長

- 聘請專業人士擔任顧問
- 運用財務知識賺錢
- 投入自己喜愛的事物
- 對金錢的重視遠不如對人生的熱愛與追求

6

思維

薪水族在畢業之後，就不願學習

- 希望能獲得免費的建議
- 不曾投資於財務教育
- 對學習缺乏熱情
- 過於看重金錢，不滿於擁有的一切

為什麼多半價值百萬美元的豪宅裡，都會設有偌大的書房，用來存放數量相當可觀的藏書。而十萬美元不到的普通房子卻沒有，難道這只是巧合嗎？我可一點都不這樣認為。

我所認識的有錢人當中，絕大多數每星期至少會讀一本書，這些人還會組成學習圈，並推薦自己認為的好書或有聲資料。我有個朋友就花了五十萬美元研讀成功學，我自己也「投資」了十萬美元鑽研成功之道。如果你覺得自己沒有那麼多的閒錢，也毫不考慮把錢花在學習如何賺錢之上，那麼就表示你的內心當中，存在著一種薪水階級的偏見。

事實上，我跟這群朋友並非一次花掉這一大筆錢來學習成功；相反地，是在收入逐漸增加的同時，仍不斷投資在自我充實的各項知識。成功是一種永不間斷也沒有終點的過程，如果你不將收入的一定比例投資於財務學習的教育上，你將永遠局限於薪水階級的小框架之中。唯有當你在財務知識上的投資越多，你所賺的錢才有可能不斷地增加。

書籍與導師的力量

你可以把讀書當成一個起點，在此我能向你保證，有錢人不僅讀書，還很愛讀書、勤讀書，而與書中蘊含的可貴知識相比，書籍本身的價格一點也不昂貴。你是否曾發現到，只要願意花幾個鐘頭閱讀一本書，你便能一下子學到作者費盡數年才有辦法發展出來的概念呢？與過去相比，現在順利致富的人越來越多，這是因為現代人的知識取得越來越便利，在極短的時間內，往往便能洞悉別人耗費多時才得以發現的財務祕訣。我就曾經好好地運用讀過的一些財經書籍，這些書籍僅花了我區區二十多塊美元，但裡頭所蘊藏的知識，卻幫助我賺進了兩萬美元。

除了書籍與有聲資料外，有錢人也會根據切身的學習需要，聘請學有專精的人士擔任專業顧問。薪水階級總是希望能獲得免費的建議，但免費往往是最昂貴的，最後可能會讓你付出可觀的代價。因為免費建議通常是那些自以為是，卻毫無實務經驗的人提出的餿主意。

有錢人認為免費建議的價值不高，他們所要效法的對象，幾乎都具有實戰經驗，最好是現今仍身處第一線的專業人士。如果你想在財務教育上做投資，就應該把錢花在這種具有真才實學的人身上。

我的成功學書房收藏的書籍，價值約在兩萬美元左右；而投資在個人顧問與導師的金額，則是藏書價值的五倍。請你注意，我的說法可不是「我支付的金額」，而是說「我的投資」。

從擁有實務經驗者身上所獲取的知識，產生的價值是無可限量的。有錢人認為，支付給優秀顧問或導師的指導費，是一項珍貴的投資。

我一直認為不管是誰，都應該有一名指導員，這個理由實在再明顯不過。就像一個成功的運動員背後，都有位偉大的教練，所以如果你想為自己創造出大筆財富，沒有理由不去聘請一位優秀的顧問。

投資於財務教育

我曾參加過一場週末舉辦的財富創造活動，出席費是一萬兩千五百美元。有位與會的富豪在結束後跟我說，他把活動中學到的知識應用在自己旗下的事業，結果為自己多增加了一千萬美元的利潤。花一萬兩千五百美元得到的知識，能增加一千萬美元的收入，當然值得！

我充分了解薪水階級一開始沒有能力參與這種需要大筆投資的活動，但絕對可以閱讀二十美元的書籍，並運用書中的知識為自己賺進兩萬美元。

有錢人投資是為了得到成功者的致富祕訣。我第一次投資不動產時，買了一本二十五美元的有聲書，這本書給了我相關的知識與勇氣從事投資；接下來，我又經由電視購物頻道，買了兩百美元的不動產投資課程，運用其中所學得的知識，在往後一年之內獲利近十萬美元；於是我又投資購買四千美元的年度課程，並且在隔年獲利超過二十萬美元。（在此我不談細節，只想明白地告訴你，在知識上投資越多，等到你所能運用的知識變多，那麼你能得到的利益也就越大。）你一定常常聽人說要擁有智慧，而所謂的智慧也就是你能活用的知識。

絕大多數的薪水階級之所以年復一年停留在相同的所得水平，正是因為他們的知識停滯不前，歸咎其原因，便是他們以為只要離開學校就再也不用學習了；與此相反，有錢人終其一生都持續學習，不斷從生活環境中，汲取能靈活運用在自己事業上的知識。

有錢人最常提出的問題是：「我能從這個事件當中學到什麼？」薪水階級最常發問的是：「為什麼這樣的事情總會落到我頭上來？」生活一直試圖教導我們，但多數人卻渾然不知這個道理，也沒有從中學習，因此注定原地踏步、停滯不前。

我很喜歡某個牧師的講法，他說：「只要不斷嘗試，不要放棄，每個人都能通過上帝的考驗。」

這話說得對極了！「為什麼這種鳥事總是發生在我身上？」會問這種問

題的人，就表示這種壞事「不斷」發生。當壞事一而再、再而三地上門時，理由只有一個：你的知識從未更新。無論你擁有怎麼樣的身分地位，你都必須要持續不斷地學習與成長。就算日後你已經成為一位有錢人，也得要無時無日地自我充實，如此才足以維持自己的財富。假如不這麼做的話，那麼我相信你頭上頂著的有錢人光環，應該維持不了多久的時間。

知識是種子

有錢人專注於個人成長，他們認為唯有成長，才能使自己擁有更多。有錢人相信人生的主要目的就是成長，而成長需要時間，所以獲取知識之後，你還需要耐心地等待。知識猶如種子，它需要長足的時間才能長成大樹與結出果實。每當你讀過一本書後，要不是在自己心田撒下種子，就是灌溉著原本已經播種在心田的種子。

有錢人除了閱讀有關理財方面，以及如何建立良好人際關係的書籍之外，他們也不會錯過提升心靈力量和他人成敗經驗的書籍。

有錢人認真學習的不只是成功的財務知識，也包括成功的人生經驗。他們終其一生不斷尋找嶄新的思維和行動方式，企求進一步實現自己的人生。

投入自己喜愛的事物

想成為終身的學習者，關鍵祕訣就在於投入自己喜愛的事物。根據我多年來的觀察，有錢人相較於薪水階級的最大差異之一，是有錢人只做自己喜愛的事。透過持續學習，讓有錢人能不停地激發自己的靈感，而他們之所以對各項領域抱持高度興趣，則歸因於他們是如此地熱愛人生。

有錢人並非愛財如命，就我的經驗來看，有錢人並不吝於與自己的家人和朋友分享財富。

貪得無厭與害怕損失金錢的有錢人，絕不是真正的成功者，真正的成功者往往能保有心靈的恬靜，並且知足常樂。

鑽研成功之道與學習如何賺錢固然重要，但在追尋夢想的同時，可也別忘了珍惜自己已經擁有的一切。

我再說一遍，有錢人熱愛人生。雖然他們熱愛賺取金錢，也熱愛擁有金錢；但他們對金錢的重視，遠不如對人生的熱愛與追求。如果你熱愛金錢甚於你的家庭或自己，你將只會成為一個守財奴，這樣的人沒有資格當一名真正的成功者。

了解你的首要之務

我認識一些上層的中產階級，他們為了累積財富不斷地力爭上游；然而，這些人因為過於看重金錢，永遠不滿意自己擁有的一切，除非他們能學會知足，了解到認識自我比擁有多少家產要來得重要許多；否則他們的心靈永遠不可能有平靜下來的一天。

我相信許多有錢人之所以能成功，在於他們心中有一套藍圖，並且能依照正確的先後順序處理事情。我在討論學習與成長時，就已經提出這一點的重要性。有些人在追求財富時，的確失去了平衡，過於看重金錢的結果，讓他們忽略了家人與自己的健康，這是你必須時時牢記在心的。金錢固然重要，但為了錢而失去自己最珍貴的事物——家人與健康，絕對是不值得的一件事。

在你專心鑽研財務成功之道的同時，也一定要好好地學習如何體現美好人生的知識。擁有金錢的感覺固然不錯，但與心愛的人擁有深刻且充滿意義的關係，卻是更加地美好。唯有同時讓這兩者實現，你的人生才最難能可貴。

NOTE

■ 當你在財務知識上的投資越多，所賺的錢才有可能不斷地增加。

■ 從擁有實務經驗者身上所獲取的知識，產生的價值是無可限量的。

■ 有錢人投資知識，以得到成功者的致富祕訣。

■ 知識猶如種子，需要長足的時間才能長成大樹，結出果實。

■ 貪得無厭與害怕損失金錢的人，不會是真正的成功者。

■ 真正的成功者雖然喜愛賺取財富，但他們對金錢的重視，遠不如對人生的熱愛與追求。

思維

5

有錢人掌握時機，為自己賺大筆利潤

- 以豐厚的利潤為收入來源
- 善用巧思將小錢變大
- 掌握時機為自己賺進大筆財富
- 看準市場，放手一搏

5

思維

薪水族希望安穩，每月只領固定薪水

- 仰賴薪水做為收入來源
- 財富由薪資緩慢累積
- 怯於嘗試，錯失機會
- 墨守成規，不敢突破

為薪水工作，最終所賺的錢就只會夠你生活，你很難留住大量的餘錢。對於一個計時或按月領薪的上班族來說，要達成財務自由可說難如登天；有錢人清楚這一點，因此，他們選擇為利潤工作而非薪水。所謂的薪水是你工作所得的報償，而利潤則是在某個價位買進某件東西，然後在更高的價位時賣出，有錢人所從事的就是像這樣的買賣生意。

如果你仰賴薪水做為收入的來源，那麼你的收入將十分有限，等到你學會了賺取利潤，則無邊的天際才是你收入所要瞄準的範圍。

年收入超過十萬美元的人當中，據說有九成從事銷售事業，我相信這個說法有相當的可靠性。況且我身邊的億萬富翁朋友，全都是為了利潤工作，從來沒有哪一個人是為薪水而工作的。

以下簡短說明我自己對利潤與薪水的體認。

動點腦筋就能賺到錢

我念小學的時候，曾經在學校裡賣肉桂口味的牙籤。我先到附近藥局買了一瓶肉桂油，把牙籤丟進瓶中浸泡一晚，第二天醒來就帶著牙籤到學校去賣。等到回家時，我手上的牙籤全都變成了現金。

肉桂油一瓶不到十美元，等我用完肉桂油與賣掉所有牙籤，已是兩個星期之後的事。我記得光是這兩個星期，就讓我賺進了二十美元，對一個小學生來說，這筆錢是不小的數目。

到了國中時，爸媽每天會給我三美元午餐錢。在上學途中，我會利用這筆錢到便利商店買三十條口香糖，每條十分錢。到了學校之後，我會以每條二十五分錢轉賣出去，只要懂些簡單的加減乘除，就能算出我賺了多少。於是每天三美元的午餐費，就變成了七點五美元，而午餐時間我只喝了一美元的奶昔，所以回家時口袋裡還有六點五美元。

上了高中之後，不知何故，也許是受了社會價值觀的影響吧，我決定找份工作——因為所有人都告訴我應該這麼做。之後我有將近十年的時間，是為了薪水在忙碌奔波，而且我從未滿意過自己的薪水，更氣人的是，每次發薪水時，還得預扣稅金。雖然如此，在那十年當中，我還是利用一些空閒時間做了點小買賣，做為額外補貼。

舉例來說，高中畢業之後，我到一家高爾夫球場工作。我記得當時跟著一位朋友在高爾夫球場的淺水坑裡找球，僅僅兩個鐘頭不到的時間，我們倆就找到了數百顆小白球。第二天把這些撿來的球，賣給中古高爾夫用品店，我和朋友只花了兩個小時，就各賺了四、五十美元。這對我來說是一大筆錢，因為我當時的工作時薪，也只有五美元而已。

現在，你能在沃爾瑪百貨（Wal-Mart）買到像這樣從池塘裡尋回的高爾夫球。回想起來，那時候的點子原來能為自己賺進百萬美元，只是當時的我竟然渾然不知。幾年下來，我藉由販售撿來的高爾夫球，就有數千美元入袋；但於此同時，我依舊賣命上班工作來謀取薪水，因為內心的薪水階級心態告訴我，這才是我的本業。

找對賺錢的方法

我出生的家庭是屬於下層的中產階級，父親將汽車零件賣給鎮上的小汽車修理廠，他的年收入很少超過兩萬五千美元。我曾向父親抱怨自己上班的收入太少，於是他建議我，先試著到隔壁鎮上買賣汽車零件，說這會比我目前工作賺得的薪資要多上許多，況且也比較輕鬆。但我向來不喜歡汽車零件買賣這一行，因此並沒有把他的話當真。

之後我都是從事臨時性質的工作，最後才終於在高爾夫球場找到一份固定職位：球車司機。這份工作實在不賴，時薪是五美元，另外還有小費可拿，而且在傍晚把球車開回來之前，我還能四處尋找小白球作為外快。如果加上販賣小白球的錢，我的時薪就可累積到八美元以上。這份工作我做了好幾年，而且還在這段期間練就了相當不錯的高爾夫球技術，當時我的桿數都能維持在七十幾桿，還暗自決定未來要當一名職業高爾夫球選手呢。

有了這個想法後，我找了一家高爾夫球專門店應徵擔任學徒，也順利得到這份工作，時薪是八美元；不過沒有小費，也沒有時間尋找高爾夫球，因此收入實際上並沒有增加。但我並不在乎，因為我即將成為職業選手，屆時鈔票自然滾滾而來，至少當時我是這麼認為的。

為了成為職業選手，我參加過幾次美國職業高爾夫協會的考試，打出的桿數卻從未低於八十桿，顯然我無法克服現場比賽的壓力，於是只好把願望降低，看看能否當個俱樂部職業選手。有一次，我在工作地點，也是美國女子職業高爾夫協會的場地，跟一名俱樂部職業選手坐下來聊天。我向他請教，照這樣練習下去，還需要多久工夫才能賺大錢。他的回話戳破了我的美夢：「凱斯，說句老實話，你恐怕得繳上大把大把的會費，而且至少得花上五六年的時間，才有可能更上一層樓。」

聽到他的話，我心都涼了一大半，我可不想再等五六年才賺大錢。於是我又跑去跟父親抱怨，而這一次，我確實照著他的建議去做，他推薦我去賣汽車冷氣所需的R－12冷媒。當時美國政府對R－12課徵重稅，導致價格飆漲。父親建議我，以每桶一百八十美元的價格買進這種冷媒，再以兩百或兩百一十美元賣出，他是對的。我照著他的方法試著買進幾桶，隨即賣出，幾個星期過後，零售價漲到每桶兩百五十美元，而我的批發價只漲到兩百美元。

我只要賣出兩桶，幾個小時之內就能賺進一百美元。曾經有個客戶一次下量就買了十桶，而且每隔幾週就會再下單一次；簡單地說，只要收到他的訂單，當天進帳五百美元便不成問題。接下來一整個星期我只管吃喝玩樂，完全不用費心工作。但該死的，我還真是蠢斃了！原因是：第一，我當時其實能賺得更多；第二，我以為能靠這種方式一直大賺特賺。結果好景不常，幾個月後，R－12的價格已飆漲到每桶五百美元，可是所有存貨全都掌控在大公司手中，他們囤積居奇，根本不對外批發了。

如何讓收入暴增

機緣湊巧，有一天晚上閒來無事，我參加了一場拍賣會，看到許多物品以不可思議的低價售出，特別是家具。於是我開始在拍賣會上標購物品，並且將這些物品拿到跳蚤市場上轉賣。我每星期都到拍賣會去，也在那裡結識了一位二手家具行老闆，他開著嶄新的貨車，還擁有一艘私人船艇，居住的是周圍環繞著幾英畝土地的大房子。我想他是個很有錢的富豪（因為當時我實在寒酸得可以）；但實際上，他也只不過是上層的中產階級而已。

看著眼前這個成功範例，我開始覺得自己也該開一家二手家具行——而我確實這麼做了。在開店之前，我的年收入從未超過兩萬美元；開店之後的年收入，卻馬上激增為原來的三倍，第一年我就賺進了五萬美元以上。一年之後，我完成了婚姻這件終身大事。

有一天我開車經過城裡，無意間看到一家小家具行，窗戶上貼著停止營業的告示，我停下車子，打聽該如何取得這家店面，它的地理位置可比我現在的店面好上太多了。

有人告訴我說，這家店面下個月即將出清，而房東就住在隔壁，於是我趁此機會向他詢問租約事宜。和房東商談之後，我驚喜地發現，這家店面的月租竟然只要一百美元，比我目前的店租還便宜。

我打電話回家，告訴太太我們的家具行即將搬到新的營業地點。剛開始我們打算開一家與原本相同類型的店，專門銷售較為高檔的二手家具。不過在與先前要搬離的店主閒聊之後，我發現他們的營業額要比我們高出許多，於是決定仿效他們的做法，銷售全新的臥室家具組、沙發床與沙發床墊。而這次的轉換營業地點，第一年就讓我的年收入增加到了七萬美元。

在經營這家小店鋪的期間，由於採購沙發床墊椅架的關係，我結識了一名男子。他開了兩家沙發床墊行，生意看來相當不錯。我太太一看到他的店，就認為我們不應該再做臥室家具組與沙發床的生意，而是要像這位老闆一樣，專門做沙發床墊的生意。

起初我反對這項提議，但一個月後，我決定放手一搏，因為我賣出一套臥室家具組與沙發床的同樣時間，沙發床墊就能賣出十套。你猜怎麼著？我們找到了這項產業的利基，營業收入蒸蒸日上，一年下來居然賺到了十萬美元。

另外，我也投資不動產。幾年下來我買了七筆房地產，淨資產高達一百萬美元以上。如果我還只是在高爾夫球場領死薪水的話，恐怕每小時只能賺到十二美元，扣完稅之後，一年頂多掙得區區兩萬美元。

看到了嗎，為了薪水工作，你所領的薪水只會以緩慢的速度成長；若是你為利潤而工作，就有可能在短時間內讓收入暴增。我已經有十年的時間未曾為薪水工作，也從沒想過未來會再為薪水工作。如果你想成為有錢人，那麼你必須學著為利潤工作。

NOTE

- 以利潤作為收入來源，最終才能達成財務自由。
- 只要善用巧思，就能將小錢變大。
- 認清事實，並善於掌握時機，是成功的不二法門。
- 別墨守成規，一旦看準市場，便放手一搏。
- 為利潤而工作，你就有可能在短時間內讓收入暴增。
- 仿效成功經驗，尋找產業利基，才能致富。

思維

4

有錢人做錢的主人，樂於分享不計較

- 能掌控金錢
- 能夠慷慨解囊
- 善於給予，樂於受惠
- 喜歡與人分享

4

思維

薪水族受金錢控制，分毫計算怕吃虧

- 被金錢所宰制
- 礙於現實，難以有所付出
- 受惠時會渾身不自在
- 只想獨善其身

有一天，我在一家三明治快餐店吃午餐，一名年約十九歲的男服務生為我點餐。餐費總共不到五美元，我遞給他一張十元鈔票，當他找給我一張五元鈔票與零錢時，我把銅板放進口袋，把五元鈔票遞給他，說：「這是小費。」

接下五元鈔票的那一瞬間，他的表情充滿困惑：「你是認真的嗎？」

「當然！」我說。

「不會吧，有沒有搞錯！」他大叫，難以置信地看著我。

我只給了他五塊錢，他的反應卻讓我開心不已。

大約一個星期之後，我又來到同一家店用餐。這次是一名年長的黑人婦女為我服務。我點的餐大概八美元，我拿出二十美元來付帳，當她找零給我時，我留下兩美元，把十元鈔票給她：「這是小費。」

她說：「真的嗎？」

「真的，」我說：「願上帝保佑妳。」

她誠摯地回答：「哈雷路亞！感謝上帝！」

她的反應使我帶著笑意走出餐廳，我不可能在別的地方，用五元或十元買到這樣的欣喜。

學習慷慨

慷慨是快樂的，真誠的付出使人心情愉快。我曾在無數場合中給予完全陌生的人金錢，而今後我仍會繼續這麼做。慷慨是好習慣，它能協助你確認自己並未受到金錢的控制。

有一位精神導師向我介紹過一項測試，你或許也該親身體驗一下，看看是自己擁有金錢，還是金錢擁有你。那就是試著把自己身上的錢送人，如果你辦得到，那就表示你掌控了金錢；如果做不到，就表示金錢宰制了你。

為她的人生帶來新契機

有一回，我開車行駛在鎮上一條主要道路上，時間大約是晚上九點，一路上下著雨，整個空氣中充滿了寒意。我看到有位年輕女性走在路旁，雖然我沒有讓陌生女子搭便車的習慣，但看她隻身一人走在寒風冷雨之中，實在很不忍心。於是我調頭回去，問那名女子要到哪裡，需不需要送她一程。她接受我的好意，坐上了駕駛座旁的位子。

開車後，我們沉默了一小段時間，她問說：「我可以碰你嗎？」原來我載到了一位性工作者！

我笑說：「不行，妳不能碰我。」

她顯然有點驚恐：「你該不會是警察吧？」

我又笑著說：「我不是警察。」

「那為什麼不讓我碰你？」

我讓她看手指上的結婚戒指，然後說道：「因為我是個幸福的已婚男人。」

她誠心地向我致歉。我問她：「如果給妳一點錢，但條件是今天晚上不要接客，妳看怎麼樣？」

她不假思索地立即回答：「如果是這樣的話，我當然願意！」

我問她為什麼要用這種方式賺錢，她聲音一沉，回答說：「家裡還有兩個小孩等著我買東西回去給他們吃，我媽現在正幫我帶孩子。」我覺得她說的是真話，於是提議載她去雜貨店買些生活必需品。她遲疑了一下，不過還是答應了。

在雜貨店裡，她似乎猶豫著不知該把哪些東西放進購物車裡，躊躇許久，最後只選了兩樣東西，牛奶和麵包。我問她：「這樣就夠了嗎?家裡還需要些什麼？」她看起來不知道該怎麼啟齒，於是我接著說：「要不要買點花生醬、果醬或麥片？」她微微地點了點頭。我另外還幫她挑了些餅乾和其他日常用品，總共花了四十多美元。

我們走向停車場時，她不斷地向我道謝。上車之後，我問她住在哪裡，她說目前住在活動車屋區，距離剛才她上車的地方約三英哩。當我們抵達車屋時，有個老婦人就站在門口等著。

我身旁的年輕女子跳下車，對著老婦人大叫：「媽！媽！我遇到這個人，他幫我們買了這些東西，孩子明天早上有牛奶喝了！」又說：「我告訴妳喲，這個人還是個愛老婆的好男人。」

她的母親朝我走來，問說：「你是天使嗎？」

「呃，或許吧！」我回答。

年輕女子將買來的雜貨交給她母親拿進屋內後，又不斷向我道謝。當她準備進屋時，我對她說：「等等，妳能不能過來一下，有東西給妳。」我遞給她一百美元，她欲言又止。我說：「這一點錢拿去買些日用品，應該夠撐一個星期。晚安！」她又說了聲謝謝，我轉身上車，往家裡駛去。

生活中到處充滿著讓我們表現慷慨的機會，慷慨絕對能讓你心情愉快；

相反地，貪婪絕對會讓你愁雲慘霧。

我知道自己無法徹底解決那名年輕女子的問題，但天曉得，或許那晚發生的事，將為她的人生帶來新的契機。我寫書與教導成功學的一個理由，就是希望能提供學習者知識，如果他們願意的話，將能運用這些知識為人生帶來長遠的改善與進展。

當個快樂的有錢人

有一天，我把貨車停在哈利法克斯河畔公園，和父親在車內商議是不是要再多開一間家具行。當我們討論到各種可能性時，我注意到隔壁停著一輛破舊不堪的車子，裡面坐著一名年輕黑人，他茫然地望著前方，看來似乎為了錢的事情徬徨無助。此時我突然有股衝動想給他一百塊錢，當我和父親結束談話後，我下車走到那名黑人的車旁。

車窗是搖下來的，我對他說：「不好意思，打擾一下。」他怔怔地望著我，我趕在他開口之前說道：「我只是想把這件東西給你，然後對你說，願上帝保佑你。」他看著百元鈔票，緩緩伸出手來，但不發一語。他一臉沉默，感到詫異的我再說一次：「願上帝保佑你。」

當我轉身離開時，他叫住了我。我回頭看著車窗，他說：「我剛剛坐在這裡看這本書。」原來如此，我剛才並沒有看到他手上的書。他讓我看書的封面，那是一本小書，書名叫《上帝的創造力》。

我莞爾一笑，又說了一遍：「願上帝保佑你。」他沒有答腔，於是我返回車上開車離去。

同樣地，我知道自己或許未能真正解決他的問題；然而，天曉得我的做法會讓他產生什麼想法？或許當時他正在祈禱，一百美元在他眼中可能是項神蹟。無論如何，這些故事的重點是：試著慷慨。

並非全部的有錢人都很慷慨，但快樂的有錢人一定慷慨。絕大多數的有錢人相信一分耕耘一分收穫，他們認為錢是種子，自己若能慷慨解囊，將能得到更多回報。

施比受更有福

有錢人不僅善於給予，也樂於受惠。他們看待受惠的方式不同於薪水階級，因為經常慷慨助人，所以也能坦然地受惠。根據我的經驗，有些薪水階級受惠時總是渾身不自在，我想這是因為他們認為自己沒有資格受惠。如果他們不曾慷慨助人，又怎能心安理得地受惠呢？

再講個慷慨解囊的故事。

我和太太到北卡羅萊納州夏洛特市出席一場會議，直到晚上十一點半，這場會議才總算結束。當時我們倆的肚子都餓扁了，於是開著車子上街，最後終於找到了一家位於小型購物中心的達美樂披薩店。我先去訂購披薩，然後回到停車場站在車旁等候，而我太太則坐在車內，車門是開著的，我們一起聽音樂打發無聊的候餐時間。此時，大概有八個年紀約莫十歲到十五歲的黑人青少年，走在購物中心前的人行道上，我下意識認為他們可能是要來找麻煩的，心中暗自祈禱，希望上帝保佑我們不要出事。

當這群男孩走近我們的車子時，年紀最小的一位突然走出人行道朝我們的方向走來，年紀看起來最大的男孩一把抓住他的手臂說：「喂，你給我回來。」這群青少年又往前走了幾步，繞過購物中心轉角，往另一條路上走去。

我太太注意到這群男孩，但她並未察覺到任何異狀。我問她覺不覺得應該買份披薩給他們，她笑著說：「好啊！」

我走過去，繞過轉角，與他們只有二十公尺左右的距離。本想找我麻煩的那個年輕男孩，看到我便說：「喂，你們看！」接著從褲子裡掏出槍來，直接對著我的臉，年紀最大的男孩再度出面阻止，並把槍從他手中奪過來。他問我：「你要幹嘛？」

我帶著些許驚恐的語調說：「如果可以的話，我想請你們吃披薩。」

他說：「真的嗎？」

「真的。」

他問：「你為什麼想請我們吃披薩？」

我回答說：「只是想做點事讓大家開心。你想吃嗎？」

他說：「想。」於是他們全朝我這裡走來。準備要去點餐之前，我問他們想吃哪一種披薩。

就在我去櫃檯點餐之時，這群男孩問我太太，我是不是警察，是否打算逮捕他們，她一一否認。他們也問起，為什麼想請他們吃披薩，她解釋說，我們只是喜歡與人分享。

在等披薩送來的期間，我跟這些人聊起希望與夢想，不過他們似乎對未來不抱有什麼期望，相當沉默而且語帶保留。等披薩好了之後，他們向我道謝，我又跟他們聊上一小段時間，希望他們相信未來一定會有好事降臨在自己身上，之後便與他們分道揚鑣。

慷慨能讓他人感受到仁慈與愛，不僅利於受惠者，也利於給予者，而後者所得到的好處甚至更大，這正是所謂的「施比受更有福」。

NOTE

- 慷慨是快樂的，真誠的付出使人心情愉快。
- 要學會掌控金錢，別讓金錢宰制了你。
- 慷慨是好習慣，它能協助你確認自己並未受到金錢的控制。
- 慷慨絕對能讓你心情愉快；相反地，貪婪定會使你愁雲慘霧。
- 並非所有的有錢人都很慷慨，但快樂的有錢人一定慷慨。
- 如果你善於給予，也將樂於受惠。
- 施比受更有福。慷慨不僅利於受惠者，更利於給予者。

思維 3

有錢人慷慨不需親力親為，擁有許多消極收入

- 能建立比自己懂得經營的團隊
- 認為世界上有才能的人比比皆是
- 有彼此能相互支援的多元被動收入
- 懂得凝聚意圖

3

思維

薪水族吝嗇只能靠自己，頂多兩個積極收入

- 相信凡事必須親力親為
- 認為沒有人能做得比自己好
- 收入來源之間沒有關聯性
- 擔心分身乏術

我們可以把錢比喻成魚，如果用兩條魚線釣魚的漁夫，會不會比單單只有一條魚線釣到更多魚呢？當然，這種可能性是相當高的。那如果用五條魚線來釣魚呢？我想釣到魚的機會更高於用兩條魚線。顯而易見，漁夫用的魚線越多，釣到魚的可能性就越高。

賺錢就像釣魚，你能發展越多的收入來源，你成為有錢人的機率就越高。有錢人之所以能夠致富的不二法門，就是他能結合各種形式的收入，來實現自己的財務自由。

被動收入

發展多元收入來源的祕訣，就在於你必須專注地讓消極收入成為你的收入來源。所謂的「消極」並不是指你無需做任何事情，而是指這些收入不需要你親力親為去維護或處理。

有錢人有能力建立比自己懂得經營的團隊，協助他經營事業；薪水階級則認為發展多元收入是相當困難的事，他們相信凡事都必須自己親自打理，發展多元收入來源只會令他們忙不過來。

凡事必須親力親為的觀念，將會大大地限制你的財務潛力。認為沒有人能做得跟你一樣好，基本上是一種傲慢的想法。事實上，這個世界上有才能的人比比皆是。

有錢人和薪水階級的想法不一樣，他們相信一定能找到和自己做得一樣好，甚至比自己更好的人。這是多麼鮮明的對比啊！

建立團隊

有錢人擁有讓一群人合作無間的特殊技能，而且不吝於給這些人高額的報酬；然而，培養這種能力需要時間，所以你必須讓每個為你工作的人接受彼此的差異，並且要把對的人安排在對的工作崗位上。

許多公司經營得很辛苦，因為他們把不對的人安排在不對的位置上。另外，要想讓每個員工都能密切合作，這就意味著你必須在公司內部營造出互信的氣氛。

有錢人建立的是彼此互補而非彼此競爭的團隊，一旦你的團隊成員成了競爭對手，團隊內部的互信將會隨之瓦解；相反地，如果你的團隊成員不在乎功勞由誰取得，那麼這個團隊的成就將不可限量。組織一個互信的團隊，絕對比你自己單槍匹馬來得強。

為了培養團隊互信，你必須建立起一套榮譽規章，而且這套規章必須簡單扼要，重點在於讓每個團隊成員都能按規章行事。如果你正準備建立團隊，那麼最好和所有工作夥伴一起擬定榮譽規章，倘若新成員是在規章訂定後才加入，那麼同樣也必須同意遵守，否則將不予錄用。遇上有人違反規章時，團隊有責任要求違反者提出解釋。

規章有效與否，端看違反規章的人是否會受到應有的譴責與懲罰。假若空有規章而不執行，這樣的規章又如何能為你帶來好處？一旦建立團隊，每個成員都必須虛心接受其他成員的指正，要是一遭受別人的批評就感到憤怒或被冒犯，那麼請改變自己的態度或者乾脆離開團隊。

憤怒不可能出現在常勝的團隊當中，憤怒只是反映出內心的傲慢，而謙遜卻能產生力量，唯有虛懷若谷的團隊，才能創造偉大的成就。若能放低姿態，自然能感染整個團隊，所以有錢人懂得謙遜，願意虛心學習。

有錢人總是願意學習更有效的經營方式，他們了解銷售等於收入，而鉅額收入則來自於一個充滿互信互助的經營團隊。

匯聚意圖

接下來談談我的恩師尼杜・庫比恩教導我的一個詞彙：「匯聚意圖」，這是創造成功多元收入來源的至要關鍵。「意圖」指的是懷抱目的做事，有計畫的活動，並且謀定而後動；「匯聚」則為連結、一致、同意以及合作無間。

有錢人凡事井井有條，進退有據，懂得藉由匯聚意圖，使各項被動收入來源都能相互搭配與支援。

當剛開拓出一項全新的收入來源時，你必須讓自己專注在經營上。專注就是力量，每個有錢人都擁有這種力量。如果你想運用匯聚意圖改善自己的人生，就一定要專注在這兩件事情上：其一，你必須像雷射光束那樣，集中照射人生全景中的幾個特定部分；再者，你還得像聚光燈，擴散照亮整個人生舞台。

對一般人來說，專注做「一件」事並非難事，但要全神貫注於描繪巨大全景圖像，並讓圖上所有環節能彼此互補與相得益彰，那得具備相當的超凡能力才足以做到。

擁有多元且彼此毫無關聯的消極收入，當然比起只單純擁有一到兩項收入來源要好上許多；但管理也難上許多。你應該嘗試著建立彼此能夠相互支援的多元被動收入流，唯有如此，才能讓你的財富隨著時間推演而大幅地增加。

回到漁夫的例子，我們不難看出，用四條或五條魚線釣魚，要比單獨一條魚線所釣到的魚要來得多。而匯聚意圖產生的效果，將比多條魚線更為明顯，因為匯聚意圖就好比一張漁網。請問，使用多條魚線的漁夫與使用漁網的漁夫，誰能捕到較多的魚呢？答案當然不言自明。匯聚意圖能連結各項事業，使其產生彼此支援的效果，而財富累積的速度也將因此更為快速。

在匯聚意圖的概念中，「意圖」當然是最重要的，而意圖的產生絕非出於偶然。假如你目前已擁有一項收入來源，並且希望開拓另一個來源，那你必須確定新的收入來源能否支援現有的收入，也要確定現有的收入來源能對新的收入有所支援。你必須自問，它們真的能相得益彰嗎？你的主要收入來源可以與第二、第三收入來源產生專業上的連結嗎？可以提升彼此的商業信譽嗎？你的主要收入來源的消費層，是否也能成為新收入來源的消費層呢？

「匯聚意圖」對許多人來說，是項新的觀念，因此需要大家認真思考，雖說要發展出彼此聯繫的事業網需要相當的時間；不過一旦成功建立起這樣的網絡，將可為你的財務生活帶來奇蹟。

薪水階級普遍認為，嘗試建立多元的收入來源，只會讓自己分身乏術。而之所以這麼想，原因在於薪水階級相信任何事情都應該親力親為。如果他們擁有了一項以上的收入來源，通常表示他找了兩份工作來做，因此能合理推測，第二份工作的內容通常與第一份沒什麼關聯性。

如果你專注於開拓消極收入來源，建立良好的團隊，以及做到匯聚意圖，就不會有分身乏術的問題。而你也必須時時刻刻地留意，不要讓薪水階級心態妨礙了你採取行動與嘗試新事物的想法。消極收入、團隊與匯聚意圖是三條細繩，它們將彼此交纏成一條牢不可破的繩索，為你構築出堅強的財富人生。

NOTE

- 你能發展越多的收入來源，就越可能成為有錢人。
- 有錢人擁有讓團隊合作無間的特殊技能，能建立彼此互補而非競爭不休的團隊。
- 憤怒只是反映出你內心的傲慢，而謙遜卻能產生力量。
- 匯聚意圖能串聯多元收入，產生彼此支援的效果，財富累積將更為快速。
- 開拓消極收入來源，建立良好團隊，並做到匯聚意圖，將為你構築出堅強的財富人生。

思維

2

有錢人專注於全部財產的增加

- 要的是定期下蛋的金雞母
- 驅使金錢為他們工作
- 資產是那些具有價值且產生被動收入的事物
- 賺錢，花錢，然後繳稅

2

思維

薪水族只關心工資漲幅有多少

- 把錢當成金蛋似的存在銀行裡
- 為金錢辛苦工作
- 資產是所擁有的一切有價之物
- 賺錢，繳稅，然後花用繳稅後剩下的錢

很多人聽過這句話：「要讓自己聰明地工作，而不要辛勞地苦幹。」專注於財產淨值就是聰明的工作，而為薪水工作則會是辛苦的工作。

有錢人之所以能獲得財務上的自由，是因為他們一開始便努力積極地尋求各種連結與支援，建立自己的財產淨值。一旦財產淨值累積到相當的程度，就能實現自己的夢想，隨心所欲地做想做的事。

薪水階級總是經常深陷於永無止境的循環當中：起床，上班，繳帳單；起床，上班，繳帳單；起床，上班，繳帳單……。而有錢人每天一睜開眼，做的都是自己喜歡的事。他會把時間留給家人，從事慈善活動，到世界各地旅行，持續尋求投資，不斷增加自己的財產淨值。

有錢人對財產淨值的定義

「財產淨值」的典型定義是資產減去負債。大多數人都認為，資產是他們所擁有的一切有價之物；但這是大多數人習以使用的定義，可想而知，有錢人顯然不會如此定義資產。提到金錢，比較聰明的做法是，要學會像有錢人一樣地思考，而非跟隨一般人的想法。

有錢人眼中的資產，是那些具有價值且能為他們賺取被動收入的事物。薪水階級或許擁有一些有價資產，但這些資產幾乎無法產生被動收入，資產的真正定義，應該是那些具有價值且能為你創造被動收入的事物。

負債是使你積欠金錢的事物，如抵押貸款、汽車貸款、信用卡債、助學貸款與個人貸款。把你擁有的具有價值且能產生被動收入的事物，減去你積欠的金額，餘下的數字就是你真正的財產淨值。對有錢人來說，無法產生被動收入的財產淨值毫無價值可言，他們專注於增加自己的財產淨值，在財產淨值增加的同時，被動收入也隨之提升。

有錢人驅使金錢為他們努力工作；薪水階級則是為金錢辛苦工作。

只為薪水工作是不智的風險行為，理由有二：第一，當你的薪水越高，你要繳的稅也越多；第二，隨著薪資遞增，你對老闆的依賴也會更深。

有錢人掌握自己的財務生活；薪水階級的財務生活則被別人操控。如果你為薪水工作，你該繳多少稅是由政府決定；相反地，當有錢人要繳稅時，他們卻有許多巧妙的避稅方法。你的雇主能決定下個月還要不要繼續雇用你，薪水階級永遠不知道公司什麼時候會裁員，自己哪時要捲鋪蓋走人，他們的財務永遠掌握在別人手中，隨時面臨失去收入的困境。

我有兩個朋友是飛機機師，他們很幸運，在九一一災難事件之後並未失去工作，但薪水卻在一夜之間減少三成。

如果明天開始你的收入減少三成，你可曾想過會造成什麼後果？生活恐怕無法過得像之前一樣吧。對有錢人來說，他們清楚知道自己下個月或明年有多少收入。

把你的薪資轉變為消極收入

為薪水工作不是壞事，只是對大多數人來說，它是件具有風險的苦差事。許多有錢人過去也曾仰賴薪水過活，在這種情況下，他們是如何達成財務自由呢？答案是用薪水購買資產。絕大多數的有錢人一生之中，總會有段艱辛的時期，而他們都是努力工作，然後把錢用來購買資產。

在毫無經驗的狀況下，購買能產生被動收入的資產誠非易事，它需要新的知識，而新的知識需要花時間鑽研才能獲得。

有錢人不僅工作勤勉，也努力研究如何才能取得資產以增加自己的收入。運用能產生被動收入的資產，來增加你的財產淨值是一種技術，而這樣的技術培養需要時間。

耐心、知識與智慧是增加財產淨值的必要特質。你必須保持耐心，並學習購置資產的相關知識，然後善用智慧加以運用。

所謂的「智慧」是懂得如何運用知識，有些薪水階級已藉由閱讀而獲得被動收入與增加財產淨值的相關知識，卻從來不曾好好地運用。

有錢人會善用自己既有的知識，持續不斷地增益補強，他們所擁有的知識與對各項事物的投資，遠遠超出薪水階級的理解與想像。

在此，我簡單說明一下，絕大多數有錢人從薪水階級發跡時，最常投資的是哪些資產。

從做小生意開始

我認為每個人都該做點小生意。這意思並不是說所有人都應該辭掉工作，改行做生意，而是建議大家在工作之餘善用閒暇時間，從事屬於自己的事業。

比方說，其中一種做法就是加入人員直銷公司。如果想做小生意，這是個不錯的起點，它的風險相對較低；但獲得高報酬的可能性卻很大。直銷公司一般來說都有運作良好的健全體系，能持續對你提供支援，它們是商業菜鳥的最佳選擇之一，不會讓你在努力拓展財源的過程中感到孤立無援。如果你考慮加入直銷公司的話，我有三項建議要提供給你：

1. 確定自己打從心裡相信公司的產品或服務。
2. 確定自己能心平氣和地待人。
3. 確定公司有參與慈善活動。

如果這三項要件完全具備，我相信你能創造出相當成功的兼職事業。在加入直銷或者從事小生意後，你應該設定目標，務必使兼職事業的收入超越全職工作，一旦達成這個目標，你便能擁有工作自由，可以選擇自己「想做」

的工作，而不是「必須」要做的工作，這豈不是件令人愉快的美事嗎？

當成功開拓出自己的事業版圖時，你應該要維持原有的生活開銷，把新事業賺來的錢存起來，以便往後投資在其他資產。當錢賺得越多，所花的錢也會不斷地增加，這可說是放諸四海皆準的道理，即便我也不例外。每當我賺到更多的錢，就會想換部更好的車子，搬進更大的房子，並且想到夏威夷度假；不過根據我的親身經驗，除非你資產中的被動收入足以支付這樣的生活開銷，否則增加生活用度是相當不智的作法。

有錢人有著不同於常人的智慧，當他們的收入增加時，並不會跟著也增加支出，而是增加投資。薪水階級把收入花在負債上，有錢人則會把收入用於增加資產，而投資於產生被動收入的資產，正是有錢人財富不斷累積的不二法門。

擁有了自己的事業以後，你就能在賦稅上得到最大的好處，可以有更多合法的節稅技巧，但上班族卻無能這麼做。我不是稅務律師或稅務規畫人員，無法提供這方面的建議，但你絕對需要了解身為「老闆」所享有的節稅利益。

當老闆的人，有些支出能先行扣除後再課稅；但如果你為薪水工作，那麼所得的微薄薪資會被先行扣稅，所以你能花用的是被扣稅後的殘餘所得。有錢人是賺錢，花錢，然後繳稅；而薪水階級則是賺錢，繳稅，然後僅能花用繳稅後所剩下的錢。

你想少繳點稅嗎？那就做點小生意吧！小生意能讓你擁有巨大的節稅利益，並且將成為你的資產，同時不會占用太多的個人時間。有件事請務必謹記在心，有錢人把資產定義為「具有價值且能產生被動收入」的事物，但你也千萬別忘了，「被動」並非是指什麼事都不用做，而是只需要做一點點的管理工作。

投資不動產與股票

依我的看法，不動產是最好與最安全的投資標的，幾乎所有的有錢人都是從不動產取得被動收入；相反地，很少有薪水階級從不動產取得被動收入。坊間已有相當多不動產投資書籍，我在這裡不多做說明，並也建議讀者不妨多多閱讀相關書籍，等你的專業知識充足之後再從事投資。坦白說，我的財務人生之所以完全改觀，全是拜不動產投資之賜。

絕大多數的有錢人都會投資股票市場，我說「絕大多數」，意思是指有少數的有錢人只投資不動產，當然也有一些身價上億的富豪，只從事股票投資。股票確實是還不錯的被動收入形式；然而如果你沒有足夠的知識，貿然從事股票買賣將會帶來風險。

小生意、不動產與股票或多或少都具有風險；但只要你不斷吸收知識，並勤於做功課，就能把風險降到最低。記住，如果你的人生從不冒險，就不可能出現機會，所謂「富貴險中求」就是這個道理。

財產淨值不等於存款

薪水階級以為最安全的財務規畫，是把錢當成金蛋似的存放在銀行裡，有錢人可不這樣認為。有錢人要的不是金蛋，而是會定期下金蛋的金雞母，對他們而言，財產淨值是金雞母，從財產淨值得到的被動收入，才是他們的金蛋。

只光是抱著金蛋是有問題的，因為你的肚子會餓，餓了自然會把蛋炒來吃，這樣的事常在薪水階級身上發生。有錢人經常檢視自己的金雞母，確保它們的健康無虞，而絕大多數的薪水階級，甚至從來沒檢視過自己的財產淨值。

專注在投資上將能為你產生被動收入的資產，增加財產淨值。如此，總有一天，你終將獲得完全的財務自由。

NOTE

- 要讓自己聰明地工作，而不要辛勞地苦幹。
- 有錢人驅使金錢為他們努力工作，薪水族則為金錢辛苦工作。
- 耐心、知識與智慧，是增加財產淨值的必要特質。
- 設定目標，使兼職事業收入超越全職工作，擁有選擇「想做」工作的自由。
- 薪水族把收入花在負債上，有錢人則用收入增加資產。
- 有錢人要的不是金蛋，而是會定期下金蛋的金雞母。

思維

1

有錢人習慣往好的方向思考，進入好循環

- 思考我還能怎麼做
- 是自我心靈的支配者，不被動做出回應
- 正向思考，結果越來越好
- 問自己想成為怎樣的人

薪水族經常朝壞的方面抱怨，陷入壞循環

- 抱怨為什麼事情總是這麼難
- 想法經常是被牽著鼻子走
- 負面思考，問題越來越糟
- 想的是自己要做什麼

表面看來這個概念並不重要；然而，我敢拍胸脯向你保證，這絕對會是對你人生有著深遠影響的原則。當習慣問自己怎麼樣可以越來越好時，你對人生的看法將產生出新的意義，而成功自然也就指日可待了。

有錢人和薪水族所思考的問題不同，因此形成了各自不同的人生未來，這也反映出一項普世原則，套用《聖經》的話來說就是：「凡祈求的就能得著。」無論你反問自己的是什麼，最終都將得到你內心所想的答案。

因此，你應該多思考如何讓自己能向上提升的好問題，並且思考得越長遠，其產生的效果也就會越大。試著提出超越自己經驗水準的問題，你將會找到邁向成功所需要的答案，這有賴你努力去實現。

幾個強化自我的好問題

哪一種問題才能提升自我呢？是「我怎麼樣能夠在今年內讓自己的收入加倍？」還是「我如何賺到足夠的錢，好繳清這個月的帳單？」

你是否看出其中的差異呢？回答大問題所需的心靈能量，與回答小問題其實是一樣的，因此我們應該盡其可能地去思量能擴展自己心靈的好問題。況且無論你提出什麼樣的問題，最終都會找到答案。

讓我們再來看看其他的一些例子。你要思考的是「我如何能一邊從事自己喜愛的工作，又能在一年之內替自己賺進一百萬美元？」，還是「我如何讓老闆幫我加薪？」

當你遇上挫折時，你想的是「此刻，生命試圖要告訴我的是什麼道理？」，還是「我為什麼這麼倒楣，為什麼衰事老是落到我頭上來？」

夫妻之間的關係，你會思考「我該如何與另一半建立更深刻的關係？」，又或者總是抱怨「為什麼我跟另一半相處會這麼痛苦？」

當你和小孩有所衝突時，選擇思考「我今天該做什麼，才能讓子女感受到我對他們的愛？」，還是「為什麼我的孩子總是無法體會我的用心？」

在你希望擁有健康的身體與良好的身材時，會想「什麼方式既有趣，又能讓我保持強健的體魄？」，或者是「為什麼減肥就是這麼困難？」

當你想要累積財富或投資時，會尋思「我該向誰請益，怎麼做才能夠讓投資報酬率至少維持兩成五以上？」，還是總是怨嘆「為什麼存錢累積財富就是這麼不容易？」

你免不了會遇上心神不定的時候，而此時想的是「我該如何讓心靈保持平靜？」，又或者總是想「為什麼我的壓力老是這麼大？」

你的想法決定你的感受

提升自我能力的好問題，指的是去思考我還能怎麼做；反之，如果你所想的盡是「無論我怎麼做都是沒有用的」，或者「為什麼事情總是這麼困難」，那麼只會讓自己變得越來越糟。

往好的問題去思考，將會使你感受到正面的力量，要是滿腦子所想的盡是消極的爛問題，只會更加沮喪與挫折。你應該嘗試著改變，多去思考如何能讓自己越來越好的問題，進一步引導自己擁有正面積極的感受。

絕大多數的有錢人都善於管理自己的情緒，他們之所以能夠如此控制自我，正是因為在遇上麻煩事時，總能習慣於思考該怎麼做才能讓自己越來越好。

當養成這種思考習慣以後，你將成為一個擁有力量且心靈平和的人，並且能夠把潛能充分地發揮出來，這也是為何你怎麼去思考問題，將決定你的人生會得到什麼結果。倘若你覺得自己的潛力並未發揮得淋漓盡致，其中可能的原因就出自於，你一直想的都是會讓自己每況愈下的爛問題。這個結論聽起來很簡單，卻是不爭的事實。

因此，有錢人之所以富有，就在於他們懂得如何去思考正確積極的好問題，進而讓自己成長；薪水階級卻只會埋怨、消極以對，於是也讓自己永遠地貧困下去。

支配你的心靈

絕大多數的薪水階級未曾察覺或意識到，自己每隔一段時間就會重複同樣的問題，當我每次和他們交談時，就會察覺到這一點。不過，令我驚訝的是，我能透過提問的方式主導與他們的對話，使他們的思路朝我希望的方向發展。

我向來痛恨和樂於聊是非八卦的人相處，直到我發現了如何思考問題的力量。現在我不再介意與這樣的人交談，因為我能藉由提問的方式，輕易地讓談話內容變得更積極與正面。

有錢人知道該怎麼思考問題，並清楚自己的想法。他們持續努力支配自己的心靈，引領自己走上成功之途。我們能用《聖經》裡所說的話總結這項普世原則：「他的內心怎樣思量，他的為人就會是怎麼樣。」

薪水階級的問題在於，他們從來不知道要為自己好好打算，卻自以為凡事都設想得很周到；實際上，他們的想法全被別人牽著鼻子走。你可以從思維9：「有錢人談觀念；薪水族聊是非」當中得到證明，他們的心靈永遠都只能依附於別人的說法與做法。

有錢人的心靈深具創造性，不會消極地遇事再做回應，他們所想的是如何提升自我，是自我心靈的支配者。

唯有讓自己思考能自我提升的好問題，才能夠完全支配自我心靈，為自己創造出成功之路。

內在想法決定人的外在作為，有錢人懂得有意識地支配自己的心靈，他們會問自己好的問題，藉此學會往正確的方向思考。要想掌控自己的人生，第一步你就必須學會掌控自己的內在對話，如果想在金錢事業獲得更大的成功，就必須時時刻刻留意自己怎麼思考問題。

讓自己越來越好的九個問題

以下有九個提升自我的好問題，如果你想獲得真正的成功與幸福，就應該試著回答。

這些問題主要與你想成為什麼樣的人、想做什麼以及想擁有什麼有關。如果你肯花時間好好地想想，並誠實地回答這些問題，你將會發現自己正走在通往成功的大道上。

我想成為哪一種人？
為什麼我會想要成為那種人？
我該怎麼成為那種人？
什麼是我想要做的？
為什麼我會想做這件事？
要怎麼樣才可以辦到？
什麼是我想要擁有的？
為什麼我想擁有這些事物？
我該怎麼做才能擁有？

你對前面這些問題所做的回應必須十分清楚，而我所謂的「清楚」，就是要能夠很「具體」的回答，而且越具體越好。

思慮清晰就是力量，有錢人始終知道自己所要追求的是什麼，更重要的是，他們知道自己為什麼要。就因為對「目標」與「理由」是如此確定，他們終將找到自我實現的「方法」。薪水階級之所以永遠幫人打工，永遠不知道要怎麼做才能變成有錢人，其原因就出於他們從未找到能令自己振奮的「目標」，或是能使他們願意提升自我的「動機」。

當你清楚回答九大問題其中的「為什麼」時，也許就會發現，自己所設想的目標其實是別人對你的期望，或者是你畢生的努力追求，都是為了符合別人的期待，而不是自己真正想要做的事。你渴望得到某件事物，實際上或許也只是別人告訴你應該要這麼做，而這些試圖滿足別人期待的作為，只會是一種造成你無法自拔的困境。

如今你最應該改變的是，找出自己真正想成為什麼樣的人、真正想做的事，以及真正想擁有的東西，並且在尋找這些問題的時候，一定要依照「想成為什麼人，想做什麼，以及想擁有什麼」的次序一一回答，而你想成為什麼樣的人，勢必將決定你想怎麼做與想要什麼。

許多薪水階級在想這些問題的次序上剛好相反。他們首先想到的都是自己要做什麼，而這反過來決定了他們會成為哪一種人。以這種方式來看待人生，造成混亂是必然的結果。你想要成為什麼樣的人，無疑地將會決定這一生要怎麼過，以及會擁有什麼。

與其問「我的人生意義是什麼？」，你應該問的是「什麼能讓我的人生有意義？」這就是一個能提升自我的問題。當你誠實回答了後面的問題，前面問題的答案也就昭然若揭。

當你十足體會了這些道理之後，將會完全明白人生的意義並不在於「擁有」成功，而在於「要」成功。

現在問問自己，你要成為什麼樣的人，這或許是個最能提升自我的問題。幾個世紀以來，人們不斷問自己：「我是誰？」但我建議你可以這樣想：「我正打算變成什麼樣的人？」如果你不喜歡自己的答案，那麼你可以這麼問：「我要讓自己成為什麼樣的人？」並且盡一切努力往這個目標邁進。要成為有錢人，你首先得想清楚自己要成為什麼樣的人，其次是你要怎麼做，最後是你想要擁有什麼。

NOTE

- 無論你反問自己的是什麼，最終都將會得到答案。
- 思考「我還能怎麼做」，將使你感受到正面力量，提升自我能力。
- 你怎麼思考問題，將決定你的人生會有怎樣的結果。
- 要想掌控自己的人生，第一步就必須學會掌控自己的內在對話。
- 有錢人始終知道自己所要追求的目標，而且明白為什麼。
- 你自己想要成為什麼樣的人，無疑地將會決定你這一生要怎麼過，以及你會擁有什麼。

現在你該做什麼？

一、反覆閱讀這本書。建議你每隔一個月，就把這本書拿出來讀一遍，直到對於有錢人的腦袋和薪水階級的腦袋這十個思維區別全部瞭然於胸。反覆訓練是讓心靈產生不同思考方式的重要方法，一旦我們能以不同的方式思考，就能產生不同的做法，獲得不同的結果。

二、多買幾本書送給生活周遭適合的朋友，你們可以一起討論書中的各項區別，分享彼此的經驗與觀點。

三、請上網瀏覽 www.keithcameronsmith.com，登錄成為 Wise Distinctions e-mail 的會員，如此便能得到源源不絕的支援，協助你進行心理建設，獲得成功與自我實現。你也能自由參加我的視訊研討會，取得 Wisdom Creates Freedom 專題討論的相關資訊。

國家圖書館出版品預行編目 (CIP) 資料

有錢人在乎的和你不一樣（暢銷新訂版）/ 基斯 . 卡麥隆 . 史密斯（Keith Cameron Smith）著 ; 黃煜文譯 . -- 二版 . -- [臺北市] : 方言文化出版事業有限公司 , 2021.11 面 ;　公分
譯自 : The top ten distinctions between millionaires and the middle class

ISBN 978-986-5480-38-7（平裝）

1. 理財 2. 財富 3. 成功法

563　　110013152

有錢人在乎的和你不一樣｜暢銷新訂版｜

實現財富自由不再窮困拮据，你一定要先學會的 10 個致富思維

The Top 10 Distinctions Between Millionaires and the Middle Class

原書名：有錢人的習慣和你不一樣

作　　者　基斯・卡麥隆・史密斯 Keith Cameron Smith
譯　　者　黃煜文

總 編 輯　鄭明禮
責任編輯　盧巧勳
業 務 部　康朝順、葉兆軒、林傑、林姿穎
企 劃 部　林秀卿、江恆儀
管 理 部　蘇心怡、陳姿伃、莊惠淳

封面設計　張天薪
內頁設計　李偉涵

出版發行　方言文化出版事業有限公司
劃撥帳號　50041064
電話／傳真　（02）2370-2798／（02）2370-2766

定　　價　新台幣 320 元　港幣 106 元
二版一刷　2021 年 11 月
I S B N　978-986-5480-38-7

THE TOP TEN DISTINCTIONS BETWEEN MILLIONAIRES AND THE MIDDLE CLASS
by KEITH CAMERON SMITH
This translation published by arrangement with Ballantine Books, an imprint of Random House, a division of Penguin Random House LLC
This edition arranged with BALLANTINE PUBLISHING, a division of RANDOM HOUSE PUBLISHING GROUP through Big Apple Agency, Inc., Labuan, Malaysia.

方言文化